수고한 나 자신에게 주는
아주 특별한 선물

천년사찰
힐링숲길
걷기명상

수고한 나 자신에게 주는
아주 특별한 선물

천년사찰
힐링숲길
걷기명상

여태동 지음

시간
여행

봄

걸음마다
꽃과 나무를 만나고

일상에서
초록을 채웁니다.

따가운 봄볕 아래
흩날리는 벚꽃잎이

설레지 말아야 할
마음을 움직이고
발걸음을 재촉하기도
합니다.

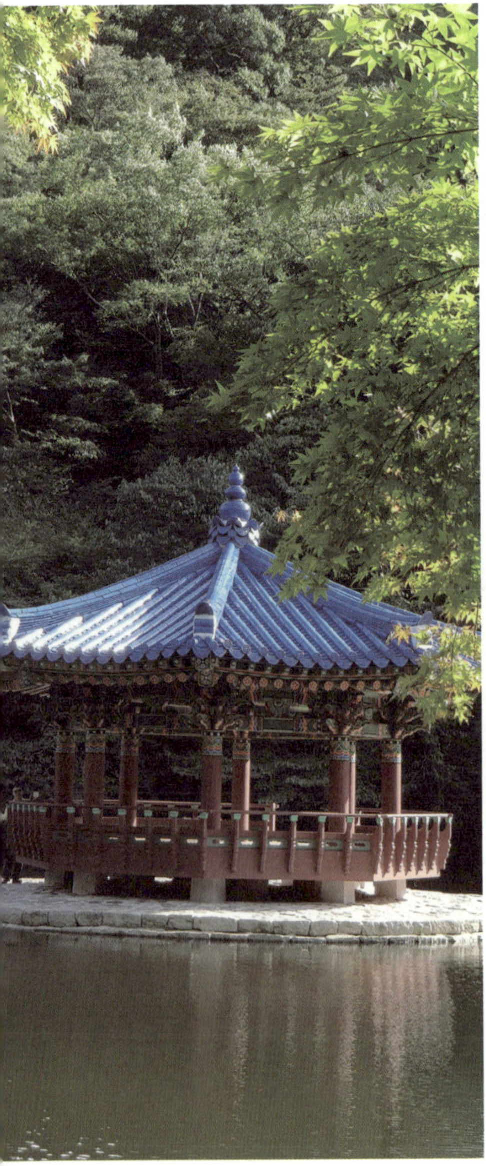

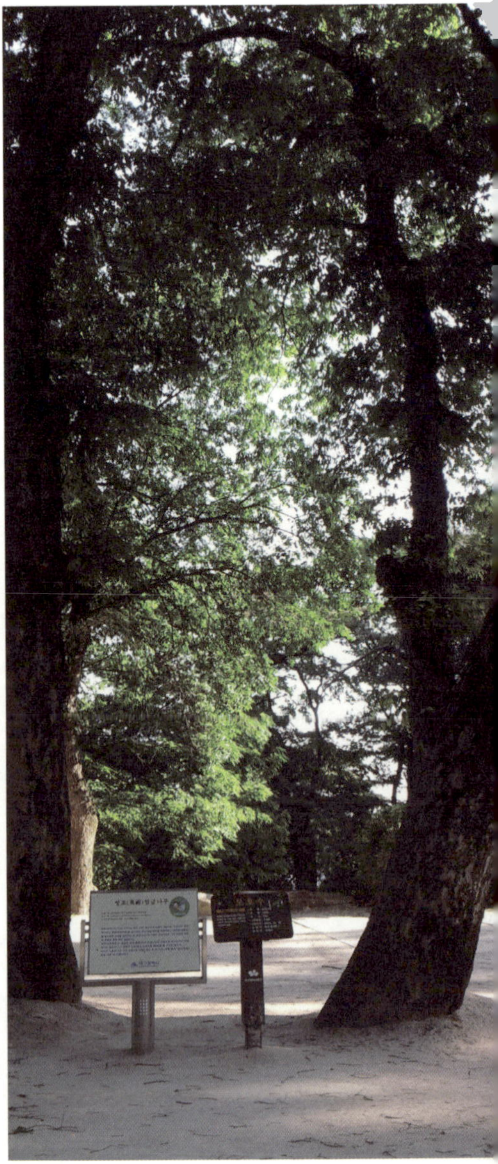

여름

고뇌하는 너의 가슴속에만
진리가 있다고
생각하지 마라.
모든 마당과 모든 숲,
모든 집속에서
그리고 모든 사람 속에서
진리를 볼 수 있어야 한다.

목적지에서
모든 여행길에서
모든 순례길에서
진리를 볼 수 있어야 한다.

가을

영겁의 과거도
지난 일이 아니며,
만세의 미래도
항상 지금이다.

거대한 숲에
들어와 넓어지는 마음은
시공을 초월한
깨달음이 아닌가?
하는 생각이 든다.

겨울

수백 년은 됨직한
고목이
꽃망울을 터뜨리고 있다.
겨울에도 꽃구경할 수 있는
호사(?)를 누릴 수 있는 일은
커다란 행운이다.

귓불을 발갛게 달구는
칼바람을 맞으며
장갑 속으로 파고드는
추위에도
붉은 동백을 보노라면
저절로 미소를 띠게 된다.

| 프롤로그 |

천년사찰 숲길 걸으며 아나빠나사띠!

"수고한 당신, 천년사찰 숲길로 떠나라!"

현대인은 도무지 알 수 없이 바쁜 일상에 휴식시간을 가지기가 쉽지 않다. '왜 사는가?'에 대한 물음을 곱씹어 보지 않고, 삶의 목적조차 잊어버리고, 다람쥐 쳇바퀴 돌아가듯 뱅글뱅글 돌아가는 도시 생활에 파묻히다 보면 계절이 가는 것조차 잊어버리고 마는 경우가 많다.

그런 사람들을 위해 시간을 내어 천년사찰로 템플스테이를 떠나서 그곳 힐링숲에서 걷기 명상을 해 보시길 권한다.

템플스테이에는 크게 두 가지 종류가 있다. 체험형과 휴식형이다. 체험형은 사찰에서 제공하는 선 명상, 예불, 108배, 스님과의 차담, 발우공양 등 불교 수행과 예법을 가미하는 것이고, 휴식형을 말 그대로 휴식 그 자체를 위한 것이다.

불교에 관심이 있다면 체험형을 권하고, 그저 휴식이 필요할 때는 휴식형을 권한다.

그 휴식형 템플스테이를 하면서 천년 숲길로의 걷기 명상을 해

보시라. 천년사찰이 가꾸어 놓은 천년 숲길을 걸으며, 붓다의 호흡법인 아나빠나사티를 체험해 보시라. 도시 생활에서 찌든 묵은 번뇌가 용광로에 쇠가 녹듯이 스스륵 녹으리라.

한 걸음에, 숨을 들이키고(Ānā, 아나)
한 걸음에, 숨을 내쉬고(Pāna, 빠나)
한 순간 숨이 들어오고 나가는 나 자신을 알아차려 보시라! (Sati, 사띠)

들이쉬는 숨이 길면 길게 들이쉰다고 알아차려라.
내쉬는 숨이 길면 길게 내쉰다고 알아차려라.

들이쉬는 숨이 짧으면 짧게 들이쉰다고 알아차려라.
내쉬는 숨이 짧으면 짧게 내쉰다고 알아차려라.

숨의 전 과정을 알면서 들이쉬고, 숨의 전 과정을 알면서 내쉰다.
숨을 고요히 하면서 들이쉬고, 숨을 고요히 하면서 내쉰다.

"아나빠나사띠!"

2025년 성하지절 고양시 백석 서재에서

바람길 여태동
삼가 쓰다

차례

프롤로그 천년사찰 숲길 걸으며 아나빠나사띠! 12

1장
싱숭생숭한 봄날에
명상하기 좋은 천년사찰 숲길

01 고양 흥국사, 숲 명상길 19
02 서산 보원사, 마애삼존불길 30
03 의정부 망월사, 깨달음의 숲길 38
04 남양주 봉선사, 사색의 숲길 49
05 강진 백련사, 동백숲길 58

2장
녹음 짙은 여름에
힐링하기 좋은 천년사찰 숲길

01 송광사 불일암, 무소유길 72
02 강화 정수사, 함허 대사길 82
03 부여 무량사, 설잠스님길 92
04 대구 파계사, 노송(老松)길 102
05 공주 마곡사, 백범 명상길 113
06 김천 직지사, 직지숲길 122
07 안동 봉정사, 극락숲길 132

3장
비우고 채우기에 좋은
가을 천년사찰 숲길

01 정읍 내장사, 비자나무 숲길 144
02 고창 선운사, 꽃무릇길 156
03 영주 부석사, 선묘길 164
04 의성 고운사, 최치원길 174

4장
찬 겨울에 마음 힐링하기 좋은
천년사찰 숲길

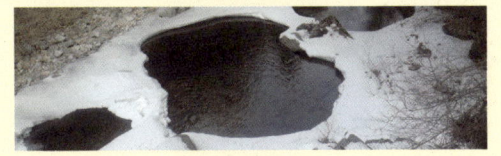

01 상주 남장사, 석장승 숲길 186
02 강화 전등사, 삼랑성길 걷기 194
03 여주 신륵사, 나옹선사 숲길 206
04 평창 오대산, 선재길 214
05 여수 향일암, 거북바위 숲길 224
06 양평 용문사, 우국의 숲길 233

에필로그
숲 명상으로 치유와 위안 얻으시길… 244

고양 흥국사, 숲 명상길 ○──────○ 서산 보원사, 마애삼존불길 ○──────○ 의정부 망월사, 깨달음의 숲길 ○──────

1장

싱숭생숭한 봄날에
명상하기 좋은 천년사찰 숲길

○── 남양주 봉선사, 사색의 숲길 ──○──────○ 강진 백련사, 동백숲길

흥국사 일주문.

01

고양 흥국사,
숲 명상길

야생화 지천인 길에서
삼각산 봉우리 선지식 만나다

삼각산이 한눈에 바라다보이는
장소가 나타났다.
잠시 휴식을 하며 산봉우리를 살펴본다.
맨 좌측부터 인수봉, 백운대, 만경대,
원효봉, 노적봉이 손에 잡힐 듯 서 있다.
다시 우측으로 계곡을 건너 의상봉, 나한봉,
현봉이 우뚝 솟아 있다.
그 너머로 문수봉이 있다.

절 계곡(寺谷)에 봄이 왔다. 삼각산을 바라보는 노고산은 산벚꽃이 연분홍빛으로 뭉게뭉게 피어났다. 산에 들면 진달래 산목련 철쭉 제비꽃이 지천이다. 나무들도 잎을 틔우느라 시간을 깨우는 데 여념이 없다. 연둣빛 산이 마음을 설레게 한다.

약사전 뒤편으로 이어지는 노고산 등산길의 진달래 군락.

봄볕 완연한 날 고양 흥국사를 찾았다. 천년고찰 입구 길가에는 노란 양지꽃이 한 움큼 피어 있다. 세월호 참사를 비롯한 이 땅에 희생당한 뭇 생명을 보듬는 노란 리본이 생각났다. 슬픔을 슬픔으로 묻으며 슬픔이 자꾸 배어 나오는 법. 하여 슬픔을 희망이라는 상자에 담아 이 봄 새로 싹을 틔우는 생명에게 마음을 기대어 본다.

고양 흥국사는 신라 문무왕(서기 661년) 때 원효 스님이 상서로운 기운을 감지하고 약사여래부처님을 모시고 창건한 절. 1300여 년의 역사를 가진 사찰답게 경내에는 고목이 즐비하고 몇몇은 보호수로 지정돼 있다. 신라-고려-조선 시대를 거치면서 왕실의 보호를 받았다고 하니 사찰의 위상이 짐작하고도 남는다.

요즘 흥국사는 고양시와 서울 은평구 지역민들에게 선명상을

흥국사 아랫마을인 사곡마을. 사찰계곡이라는 명칭이 흥국사와 인연이 깊음을 알 수 있다.

흥국사 숲 명상길 이정표.

보급하는 도량으로 이름을 알리고 있다. 사찰 측의 적극적인 지원으로 빅희승 선명상 지도사(조계종 명상 특보)가 활동하고 있었다.

흥국사는 템플스테이 사찰로도 유명하다. 선남선녀의 자연스러운 만남을 주선하는 프로그램은 아주 인기가 높다. 절 문턱이 낮고 다양한 신행 모임이 결성되어 있다. 선원도 건립돼 있어 재가불자들의 수행 열기도 뜨겁다. 그 천년고찰에 '숲 명상길'이 만들어져 템플스테이 참가자는 물론 불자들과 지역민들에게 인기가 높다.

숲이 깊으니 길이 생기는 일은 당연지사다. 물론 사찰이 적극적으로 나서서 숲길을 만들었다. 삼각산(북한산)을 바라보는 명당에 자리한 흥국사는 노고산 품에 안겨 있다. 삼각산의 수려한 산봉우리가 제일 잘 보이는 곳이다. 아름다운 경치를 보는 것만으로도 도시 생활에 찌든 현대인들의 마음을 치유해 준다. 여기에 숲 명상길까지 만들어졌으니 어찌 가보지 않을 수 있으랴.

숲 명상길을 휑하니 한번 돌아보기 위해 사찰 뒷길을 올랐다. 봄 가뭄이 심해도 땅속에서는 따뜻한 습기가 올라와 나뭇잎이 파릇하게 솟아오른다. 밖에서 보던 노고산의 모습보다 직접 산에 들어보니 산세가 크다. 삼각산 건너편의 자그마한 지산(支山) 정도로 여기고 올랐다가는 고생을 한참 할 듯하다. 다행히 숲 명상길은 사찰 뒤편을 한 바퀴 돌아오는 짧은 코스여서 힘들지는 않다.

숲 명상길을 돌아보는 시간은 15분 정도다. 천천히 걸어도 20분이면 족하다. 천년 숲길의 명성이 알려지면서 지역 어린이집이나 유치원 어린이들이 부쩍 흥국사를 많이 찾아온다. 흥국사를 찾은 날도 어린이들의 재잘거리는 소리가 경내에 가득했다. 제대로 산행을 겸한 명상길을 다녀오려면 왕복 2간 정도의 시간을 할애해 노고산 정상까지 능선을 타고 갔다 올 수도 있다.

숲 명상길에는 참나무, 도토리 나무 등 활엽목이 많아 나뭇잎 밟는 소리가 유난히 크다. 사방이 조용하니 더욱 그러하다. 시시각각 다른 소리를 내는 산새들이 합창을 한다. 따가운 봄볕 아래 흩날리는 벚꽃잎이 설레지 말아야 할 마음을 움직이고 발걸음을 재촉하기도 한다.

조고각하((照顧脚下)라고 했다. '지금 서 있는 자리에서 발 아래를 살피라'라는 말이다.

먼 미래나 다가올 일에 대해 걱정하지 말고 현재 처해 있는 상

흥국사 숲 명상길.

황을 잘 살피라는 의미이다. 발 딛고 있는 현실을 적시하는 일이 중요하겠다.

"바스락, 바스락, 바스락…."

나뭇잎 밟히는 소리에 맞춰 마음을 집중해 본다. 한걸음에 숨을 들이쉬고, 한걸음에 내쉬고, 한걸음에 잠깐 마음을 멈추고 알아차림을 해 본다. 한동안은 '관세음보살'. 한동안은 '나무아미타불'. 약사 도량의 명성을 간직한 흥국사이니 '약사여래불'을 부르며 이 몸 병마에 시달리지 않도록 기원도 해 본다.

숲 명상길을 돌아보니 사라져야 할 욕심이 더 생겼다. 노고산 등산로가 보였다. 이왕 나섰으니 삼각산을 잘 바라볼 수 있는 곳까지만 가보자는 심사로 산행을 계속했다. 능선에 오르는 길은 가팔랐다. 이마에 땀이 송골송골 맺혔고 뚝뚝 떨어지기까지 한다. 능선 평지에는 진달래가 군락을 이루어 피어 있다. 산이 주는 넉넉한 마음이다.

아무것도 없어 보이는 산이었지만 산에 들고 보니 주인은 많았다. 벌써 구멍을 파 놓고 들락거리는 들쥐며, 지난가을 부지런히 꿀밤(상수리나무 열매)과 도토리를 주워 모았던 다람쥐도 산 이곳저곳을 다니며 부산을 떨었다. 참나무 잎 사이를 들어갔다 나왔다 하는 도마뱀도 보였다. 조용할 것 같은 노고산의 살아 숨 쉬는 생태계를 느낄 수 있는 또 다른 모습이었다.

수행자들은 숲을 찾아 침묵으로 자신의 내면을 살피지만, 산에 사는 생물들은 그곳이 삶의 터전이다. 숲 명상길이 이들의 생활공간을 침해하는 게 아닌가 싶다. 누군가가 이득을 취할 때 누군가는 그만큼 손해를 보는 경우가 생기는 법이다. 사람들은 이들에 대한 배려가 부족하다. 자신들이 누리는 행복이 누군가의 불행 위에서 존재한다는 사실을 아는 이는 드물다. 그래서 다시 '조고각하'라는 용어를 상기해 본다.

노고산 정상에 이르기 전 넓은 공간을 만났다. 흥국사 바로 뒤편 산 정상이다. 이곳에서 2Km를 더 가야 노고산 정상이다. 고양시와 양주시의 경계다. 때마침 바로 옆에서 삼각산이 한눈에 바라다보이는 장소가 나타났다. 잠시 휴식을 취하며 일렬로 솟아 있는 산봉우리들을 쭉 살펴본다.

맨 좌측부터 인수봉, 백운대, 만경대, 원효봉, 노적봉이 손에 잡힐 듯 서 있다. 다시 우측으로 계곡을 건너 의상봉, 나한봉, 보현봉이 우뚝 솟아 있다. 그 너머로 문수봉이 있지만, 이곳에서는 보이지 않는다. 원효, 의상, 나한, 보현 등 불교와 친근한 산봉우리 명칭이 낯설지 않다. 오랫동안 이 땅 민초들과 함께 해 온 불교가 함께 해 온 결과물이다.

산 한 바퀴를 돌아볼 요량으로 다시 온 길로 내려오지 않고 혜명선원 뒤편으로 하산을 한다. 올라왔던 길보다 경사가 가파르고 길다. 이 코스에서는 현실적으로 '발아래를 유심히 살피는 조고각하'가 필요하다. 그래야 발목이 겹질려지지 않을 것이기 때문이다.

사찰주차장 근처까지 내려오니 경사가 완만해진다. 나뭇잎 사이로 둥글레와 비비추가 군락을 이루고 있다. 다른 산야초보다 일찍 올라오는 모습이 대견하다. 숲 명상을 위해 걷는 수행자에게 부단 없는 정진을 주문하는 듯하다.

'모든 게 마음먹기 나름이라고 했던가.'

숲 명상을 하겠다며 찬찬히 돌아보겠다고 나선 산행이 2시간이나 훌쩍 넘었다. 산길을 좀 걷고자 했던 마음이 2시간이나 산에 머물게 했다. 호젓하게 혼자서 걷는 길. 옆에는 아무도 없어 묵언으로 다녀온 숲 명상길이었지만 내면에서는 많은 변화가 일어났다.

산에서 만난 뭇 생명과 대화를 나눴고, 지천으로 피어난 야생화와 소통했다. 말없이 다녀온 길은 단순한 숲길이 아니라 나의 내면을 일깨웠다. 흥국사 숲 명상길은 선지식이 법계에 가득한 '지혜의 길'이었다.

흥국사 전망대에서 바라본 삼각산 모습. 보호수와 산봉우리가 멋진 조화를 이룬다.

◆ TIP 걷기 명상 안내 ◆

흥국사 '숲 명상길'의 시작은 일주문 앞 주차장에서 시작된다. 사찰경내를 한 바퀴 돌아본 뒤 약사전 뒤편으로 올라가면 본격적인 숲 명상길이 시작된다. 좌측에 계곡이 있고, 보호수 바로 위에는 최근에 조성한 전망대가 있다. 삼각산(북한산) 봉우리 전체를 조망할 수 있는 명당이다. 보호수와 어우러진 산봉우리의 수려함은 흥국사가 명당임을 보여준다. 보호수를 지나 100여 미터를 지나면 노고산 등산로와 숲 명상길이 갈라지는 두 갈래 길이 나온다. 그곳에서 길폭이 작은 우측으로 올라가면 숲 명상길이다. 이 길을 돌아보는 시간은 15~20여 분이다.

좀 더 산행하고 싶다면 숲 명상길 이정표 좌측으로 올라가면 노고산 산행길과 연결된다. 산릉선을 타고 흥국사 뒷산을 돌아본 뒤 혜명선원 뒤편을 돌아 주차장으로 내려올 수 있다. 시간은 1시간 정도가 걸리고 왕복 2시간은 걸린다. 산에는 상수리와 산벚나무 소나무 등 다양한 수종이 조화를 이루고 있어 어느 계절에 돌아봐도 명상하기에 좋을 듯하다. 다만 상수리, 도토리 등 활엽수가 길에 있어 미끄러우므로 등산화를 착용해야 하겠다.

봄날 숲길 나들이 온 가족과 봄꽃.

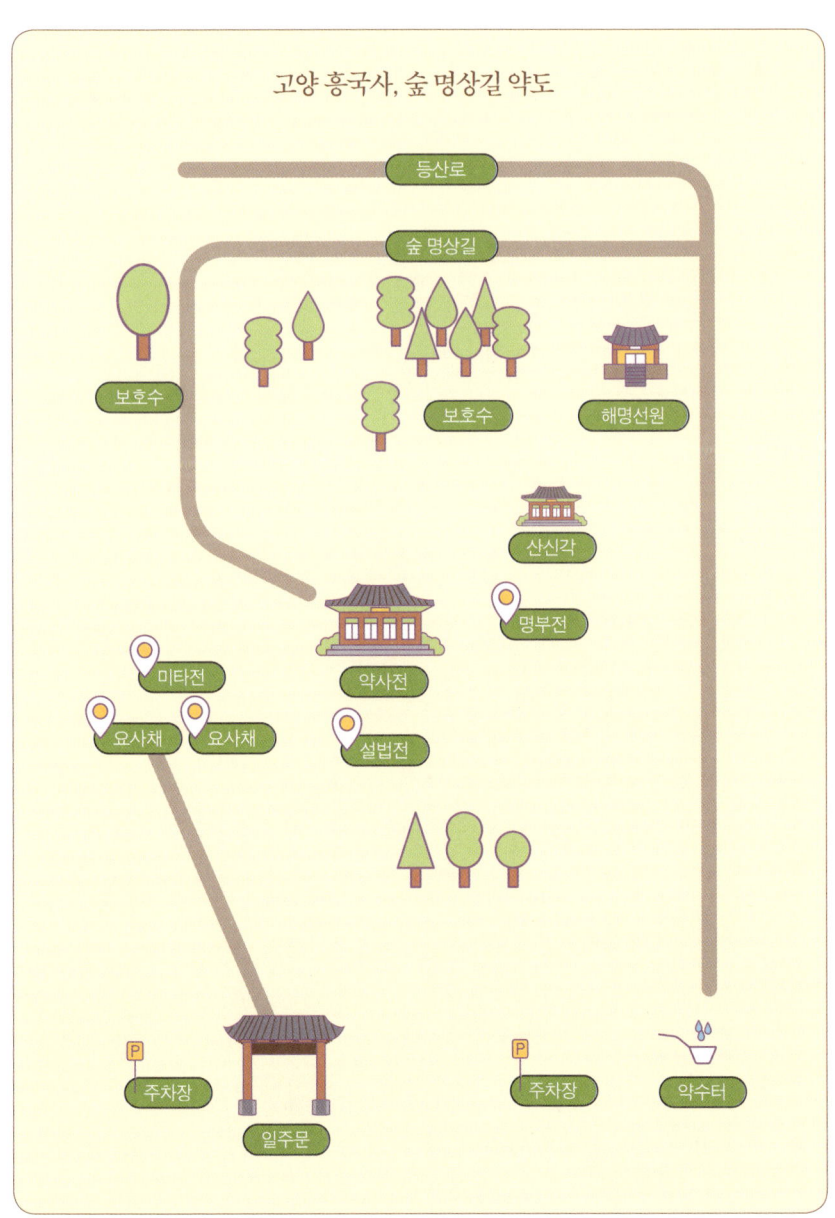

02

서산 보원사, 마애삼존불길

천년고찰터 바위에 벙글어진 '백제의 미소'

수정봉 산허리로 밝은 빛이 내려온다
마애삼존불의 미소가 빛의 각도에 따라
오묘하게 변한다
산꽃 색의 농두와 어울려
백제의 미소가 은은하게 벙글어진다
"아!"
감탄사가 저절로…

해 뜨는 서산을 향해 새벽에 달려간 '백제의 미소' 서산마애삼존불을 친견하러 가는 길. 여명(黎明)이 반기는가 싶었다. 하지만 그게 아니었다. 산새들이었다. 밤새 모든 게 잠들어 있으리라 생각했는데 깨어 있는 것들이 많았다.

버드나무와 억새가 자라는 맑고 깨끗한 용현계곡.

2004년부터 기도하고 있는 보원사 주지 정경 스님이 서산 마애삼존불 앞에서 지극한 마음으로 합장 예배하고 있다.

    계곡물도 쉬지 않고 흘러내리고 있었다. 해가 중천에 뜨면 부처님의 미소를 제대로 볼 수 없다. 이른 새벽 부지런히 자동차 가속기를 밟아 도착한 서산 보원사 마애삼존불길 용현계곡에는 뭇 생명이 일찌감치 일어나 부지런히 움직이고 있었다.

    1959년에 발견돼, 1962년에 국보로 지정된 마애삼존불은 그동안 단순히 국가 문화유산으로만 보존되어 왔다. 수많은 민초들이 신앙했던 부처님께 공양을 올리지 못한 게 안타까워 수덕사 주지 정경 스님과 전 주지 정범 스님(조계종 중앙 종회의원)이 나섰다. 세간에서도, 출세간에서도 형제인 두 스님은 2004년부터 기도를 시작했다. 처음에는 온갖 수난을 받았다.

    "문화유산 앞에서 무슨 짓이냐?"며 담당 공무원들이 스님을 끌어냈다. 여기에 굴하지 않고 용맹정진한 끝에 지금은 불자들이 마음 놓고 친견하며 기도할 수 있는 공간으로 만들어졌다. 2005년에는 마애삼존불 아래에 존치해 놓았던 석조 비로자나불이 도난당하는 사건이 발생했다. 보원사지에서 출토된 부처님이다. 이 사건을 계기로 마애삼존불 아래 관리실에서 머물면서 스님들이 기도할 수 있게 됐다.

이른 아침 6시 50분에 도착한 스님이 마애삼존불로 안내해 주었다. 삼불교를 건너 돌계단을 올랐다. 수정봉으로 향하는 등산길을 지나 관리실에 이른다. 그 앞에 불이문(不二門)이 서 있다. 이 문을 지나면 중생과 부처가 둘이 아닌 세계에 든다.

지극한 마음이 든다. 다시 돌계단을 오르니 마애삼존불이 우뚝 서 있다. 건너편 상왕산에 산벚나무가 하늘에 분홍구름을 수놓듯이 피어 있고 수정봉 산허리로 밝은 빛이 내려온다. 마애삼존불의 미소가 빛의 각도에 따라 오묘하게 변한다. 산꽃의 농도와 어울린 백제의 미소가 은은하게 벙글어진다.

"아!"

감탄사가 저절로 나온다. 6세기 말에서 7세기 초에 조성된 것으로 추정되는 마애삼존불은 발견된 후, 국보로 지정하는데 주저함이 없었다. 백제인들의 세련된 기술로 부드럽게 조각된 부처님의 미소는 그 어떤 미소보다 아름다웠다.

80도로 기울어진 채 조각되어 있어 비와 바람이 정면으로 들이치지 않게 한 점도 과학적으로 우수하게 평가받고 있다. 이 장면을 보기 위해 동트기 전에 달려오지 않았던가. 그 수고로움을 한순간에 보상받는 순간이다.

서산 마애삼존불의 은은한 미소가 번지고 있다.

지금은 첩첩산중이지만 마애삼존불과 보원사가 있었던 이 지역은 과거에는 교통의 요지로 아주 번성한 곳이었다. 삼존불이 조성된 시기인 6세기 말, 7세기 초는 백제 시대였다. 당시 백제는 고구려 장수왕의 남하정책과 신라의 강성으로 한강 유역을 빼앗겼다.

그로 인해 중국과의 교역은 해로밖에 없었다. 그래서 이 지역은 태안반도에서 백제의 수도인 웅진(공주)과 사비(부여)로 가는 교역로 역할을 했다. 저 멀리 중국 실크로드를 거치고 산둥반도를 건너는 곳곳에 마애불이 조성돼 교역하는 상인들이 안녕과 번영을 기원했다.

　마애삼존불을 친견 후 보원사지로 향한다. 용현계곡 초입인 마애 삼존 부처님에게서부터 1.2km 거리다. 덩그러니 폐사지로 남아 있는 초입에 보원사가 자리하고 있다. 이 사찰은 보원사지를 보존하기 위해 수덕사 스님들이 부지를 매입해 세웠다.

　사지를 가로지르는 계곡 이름이 용현계곡(龍賢溪谷)이다. 긴 용이 굽이굽이 몸을 움트리고 있는 모습과 흡사하다. 주변에는 100여 개의 암자가 있었다고 하니 과거에 얼마나 큰 규모였는지 가늠이 된다. 고려 광종 임금 때는 나라의 왕사였던 법인국사가 주석한 곳이다. 당시에는 1,000여 명의 스님이 주석하며 화엄학을 공부했다고 한다. 이 거대했던 화엄 도량이 조선 시대에 폐사되었는데 이유는 전하지 않는다.

　보원사지를 감싸고 있는 가야산 일대는 어떤 지역보다 계곡이 크고 깨끗하다. 그래서 여름에는 반딧불이를 흔히 볼 수 있다. 4월에 찾은 용현계곡에는 봄꽃들의 향연이 펼쳐지고 있었다. 산에는

보원사지 전경과 5층 석탑.

산꽃이 만발했고, 들에는 야생화가 지천이었다. 계곡에는 물 흐르는 소리가 봄을 연주하는 오케스트라 소리로 들렸다.

오랜 가뭄 끝에 봄비가 내리기 시작했다. 보원사지 위쪽 산인 상왕산에도 단비가 후두두 떨어진다. 산 너머 개심사에도 봄비가 갈증에 허덕이는 산을 적시고 있을 듯하다. 한동안 조용하던 산에 새들의 지저귀는 소리가 요란해졌다.

보원사 추녀 끝으로 비를 피한다. 빗줄기가 굵어지며 보원사지를 촉촉이 적신다. 법당에 모셔놓은 철 부처님이 '어여 들어오라.'라고 손짓을 한다.

◆ TIP 걷기 명상 안내 ◆

보원사 '마애삼존불길'은 큰 도로를 끼고 있어 걸을 것인가, 차를 타고 갈 것인가를 선택해야 한다. 걸을 손치면 마애삼존불 입구에 내려 계곡 다리를 건너 마애부처님을 친견하고, 30여 분을 걸어 보원사지를 둘러보는 코스를 택할 수 있다.

마애부처님을 친견할 때는 다양한 방향에서 드러나는 '백제의 미소'를 관찰하길 권한다. 휴대폰으로 여러각도에서 사진을 찍어 밝기를 조절해가며 드러나는 미소를 감상하는 것도 마애부처님을 친견하는 방법이다.

상왕산 산행을 할 수도 있다. 드넓은 보원사지 앞에 보원사가 있는데, 이곳을 돌아본 뒤 상왕산을 넘어 개심사에 이를 수 있다. 백제 시대 당시 이 길을 거쳐 태안반도에서 중국 당나라로 향하던 길목이었을 것으로 추측된다.

보원사지 앞 용현계곡에는 사시사철 물이 흐르고, 봄에는 산꽃이 만발한다. 여름의 녹음방초와 가을의 단풍 정취와 겨울 눈 내린 산야는 걷는 이들에게 훌륭한 사색의 길이 된다. 마애불에 이르기 전에는 강댕이미륵부처님도 서 있어 꼭 친견해 볼 만하다.

억새풀과 다리.

보원사지 법인국사 탑비와 부도.

서산 보원사, 마애삼존불길 약도

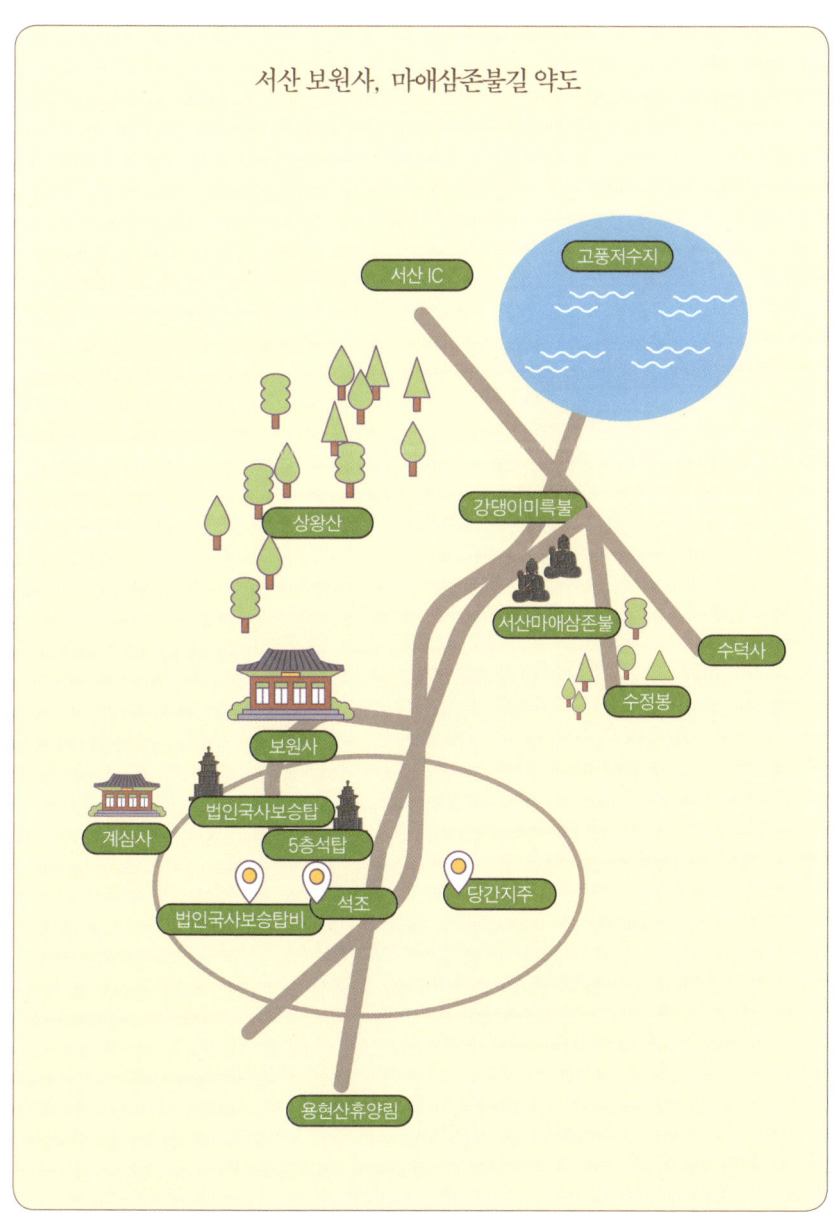

03

의정부 망월사, 깨달음의 숲길

천중선원 죽비소리 도봉산 골골에 울리네!

숱한 사람들이 이 길을 지나며
염송했을 염불 공덕으로
서방 극락정토로 건너갔으리라.
생과 사가 둘이 아니지만
엄연히 생과 사는 존재하고
미지의 죽음 세계에 대한 막연한 두려움에
'아미타부처님에게 귀의한다.'라는
나무아미타불 염불은
살아 있는 중생들에게 위안을 준다.

입춘(立春)날 망월사 숲길을 걷기 위해서 의정부의 명산 도봉산을 찾았다. 봄이 되었다는 절기인 입춘이지만 산길 옆 계곡에는 얼

망월사로 향하는 길에서 만난 길에 다양한 돌이 조화를 이루고 있다. 크면 큰대로 작으면 작은대로 모여 만들어진 돌들은 저마다의 역할을 하고 있다.

음이 꽁꽁 얼어 한겨울 같다. 숲길 풍경은 낙엽은 다 떨어져 앙상한 겨울이다. 그래도 봄은 봄인지라 계곡 어디선가 '졸~졸~졸~' 물 흐르는 소리가 들려와 유난히 강추위가 몰아쳤던 올겨울이 서서히 물러나고 있음을 알리고 있었다.

망월사 길은 '깨달음의 숲길'이다. 신라 선덕여왕 때 창건하여 수많은 고승 대덕을 배출했고, 망월사 천중선원은 한국불교를 호령했던 거출한 선승이 이곳에서 수행 정진하며 깨달음을 얻었다. 가깝게는 1925년 활구참선 정혜결사를 시작해 선불교의 중흥에 노력했던 춘성 스님, 금오 스님, 전강 스님, 한암 스님, 만공 스님, 용성 스님이 천중선원을 거쳐 갔다. 고려 시대에는 혜거국사, 나옹선사가 조선 시대에는 천봉 스님, 영월 스님, 도암 스님 등이 산문을 지켰다. 그 서릿발 같은 선승들의 수행력이 천년고찰에 오롯하게 전해지고 있다.

산계단길.

망월사 길 중간 돌에 새겨져 있는 안국 표시석.

    망월사를 오르는 첫 길목은 북한산 국립공원관리사무소 도봉사무소다. 국립공원 입장료가 있었던 시절에 지어진 건물은 이제 그 기능을 잃어버려 빛바랜 사진처럼 점점 낡아가고 있다. 다리를 건너 위를 쳐다보니 주변에서 구해 다듬은 고만고만한 돌들이 길바닥에 깔려 있다. 등산객이나 사찰을 찾는 사람들이 길을 걷다가 미끄러지지 않겠고 돌의 질감을 발바닥을 느낄 수 있겠다. 여기에 길의 운치까지 더해주니 일거삼득이 아니던가.

    도봉산에 산재한 화강암 바위가 만들어내는 풍경이 산의 운치를 더해준다. 계곡 암벽에는 암벽애호가들의 흔적이 곳곳에 묻어 있다. 땀 흘리며 바위를 오르는 이유를 뭇사람들은 잘 알지 못하지만, 그들만이 느끼는 성취감은 수행자들이 느끼는 법열(法悅)처럼 환희심이 나겠다는 생각이 든다.

    평탄했던 계곡이 가팔라지며 눈앞에 계단이 가까워진다. 암석이 만들어내는 자연풍광이 기묘하다. 바위에 붙어 있는 두꺼비 모양과 길옆에 앉아 있는 듯한 두꺼비 모양의 바위는 '두꺼비 바위'

로 이름 붙여지기 충분하다. 숨소리가 거칠어지면서 서서히 의정부 시내가 보이기 시작했다.

바람이 얼마나 간절했으면 바위에까지 글자를 새겼을까. '南無阿彌陀佛(나무아미타불)'이 새겨진 바위 아래를 지나갈 때면 저절로 합장 반 배를 하게 된다. 언제 누가 새겼는지도 모르지만 조각 솜씨가 예사롭지 않다. 글자가 풍화될 것을 고려해 첫 글자 위를 눈썹 모양으로 음각해 놓는 세세함도 보인다.

"나무아미타불, 나무아미타불, 나무아미타불…."

숱한 사람들이 이 길을 지나며 염송했을 염불공덕으로 서방 극락정토로 건너갔으리라. 생과 사가 둘이 아니지만, 엄연히 생과 사는 존재하고 미지의 죽음 세계에 대한 막연한 두려움에 '아미타부처님에게 귀의한다.'라는 '나무아미타불' 염불은 살아 있는 중생들에게 위안을 준다.

죽음의 문제를 해결한 뒤에는 '나라'를 걱정한 것일까. 나무아미타불이 새겨진 거석(巨石) 옆에는 '안국(安國)'이라는 글귀도 새겨져 있다. 자고로 나라가 평안해야 백성도 편안한 법. 나라를 잃거나 외세의 침략으로 설움을 많이 겪은 우리 민족은 '나라의 무탈함'을 기원하는 일을 자기 일처럼 여겼다. 그 발원이 바위에도 스며들었으며 불교에도 스며들어 전국 사찰에서는 예불시간에 '국태민안 남북통일'을 염송하기도 한다. 한국 전통 간화선을 대중들에게 널리 전하고 있는 안국선원도 있는데 명성이 높은 것은 걸출한 선 수행자인 수불 스님의 법력과 더불어 '안국(安國)'이라는 이름도 한몫하지 않았을까 하는 생각이다.

이런저런 상념으로 터벅터벅 올라가다 보니 어느덧 중턱이다. 등에 땀이 송글송글 맺힐 즈음 휴식할 수 있는 의자가 있는 반가운 공간이 나온다. 배낭을 내려놓고 숨을 한번 크게 쉬고 앉으니 극락이 바로 여기가 아닌가 싶다. 쌀쌀한 산 기온이 땀이 흥건한 몸을 기분 좋게 냉각시켜 준다.

어디서 나타났는지 고양이 몇 마리가 인기척을 느끼고 주변을 맴돈다. 사람의 손길을 두려워하지 않는 것으로 보아 망월사에 사는 고양이가 아닌가 하는 생각이 든다. 언뜻 고개 들어보니 산 정상 언저리 포대 능선 쪽으로 망월사가 매달리듯 서 있다. 사찰이 시야에 들어오니 다 왔다는 안도감에 힘이 더 솟았다.

망월사로 향하는 길은 크고 작은 바위가 지천이다. 큰 바위는 큰 대로 작은 바위는 작은 대로 길에서 자기 역할을 하고 있다. 등산객이 발을 디딜 때면 크고 작은 바위가 발에 걸리며 큰 보폭도 만들고 작은 보폭도 만든다. 이 길을 걸어 오르니 세상일이 이 바윗길 같았으면 하는 생각이 든다. 크면 큰 대로 작으면 작은 대로 살아갔으면 좋으련만. 잘난 사람은 잘난 대로 못난 사람은 못난 대로 살아가게 해 주어 분란을 일으키지 말았으면 좋으련만.

간간이 눈발이 날린다. 그러다가 비로 바뀌어 내리기도 한다. 눈 오면 눈 맞고, 비 오면 비 맞으며 오르는 길이 모든 것을 융섭(融攝) 하는 화엄의 가르침을 설파하고 있는 것 같이 환희롭다. 아! 이래서 옛 성현들이 길을 좋아했는가 싶다.

망월사에 도착했다. 커다란 통나무로 만든 의자가 이채롭다. 살아서 수백 년 동안 그늘을 만들어 주었고, 죽어서는 만인들이 쉬어

망월사 초입에 만들어져 있는 통나무의자. 등산객과 불자들에게 편안한 휴식을 주고 있다.

갈 수 있는 의자로 변한 나무의 이타행(利他行)이 감동적이다.

망월사의 전각들은 암벽에 매달리듯 서 있다. 전각을 잇는 계단은 가파르고 높았다. 이런 곳에 어떻게 사찰이 자리 잡았을까 하는 의구심이 들기도 한다. 관음전과 지장전이 사찰 중심에 자리하고 그 위쪽 널찍한 명당자리에 망월사 천중선원이 자리하고 있다. 전각을 잇는 길은 계단으로 이루어져 있다. 천중선원 앞에 자리한 문수굴과 그 위쪽에 자리한 영산전으로 향하는 길은 돌계단이다. 포대능선으로 향하는 길은 자연 석벽을 다듬어 만들었다.

망월사의 압권은 맨 위에 자리하고 있는 영산전이다. 의정부와 서울 시내가 한눈에 들어오는 탁 트인 공간에 자리하고 있다. 영산

영산전으로 향하는 돌계단길 초입.
바위틈을 지나 올라가는 길이 가파르다.

전으로 향하는 길은 가파른 돌계단이다. 길이 위험해 난간을 설치해 놓았다.

 영산전에서 뒤를 돌아 내려오는 돌계단은 천중선원을 정면으로 볼 수 있다. 잠시 방선(放禪)한 스님들이 부지런히 마당을 돌며 가부좌했던 몸을 푼다. 화두와 시름 하며 은산철벽을 뚫을 듯 용맹정진하는 수행자의 모습은 늠름하다. 회색 두루마기에서는 은은한 향이 전해오는 듯 존경심이 우러나온다. 한국불교의 희망이 선원에서 용솟음치고 있음에 불자들은 신심을 내어 승보(僧寶) 공양에 인색하지 않는다. 전각 가운데 자유분방하게 그린 지장전 벽화는 눈 푸른 수선납자들의 자유롭고 천진한 마음씨를 보는 것 같아 눈여겨보길 권한다.

 하산길이 부산스럽다. 입춘 기도를 올린 불자들이 삼삼오오 내

망월사 천중선원으로 이곳에는 근대 고승인 춘성스님을 비롯한 수많은 선승들이 선풍을 드날렸다.

려오며 대화를 나누고 있다. 음력으로 곧 시작될 한 해를 계획하며 남다른 각오를 다진다.

"올해는 꼭 우리 아들 대학 졸업하고 취직해야 해. 둘째 딸은 좋은 사람 만나 결혼도 해야 해."

세상사 바라는 게 참 많다. 이 많은 민원을 부처님께 기도하며 성취 발원했으니 부처님도 민원 이루게 해 주시려면 참 고달프겠다는 생각이 든다. 그래도 이러한 중생들이 많기에 부처님도 즐겁지 않을까 싶다. 하산하는 길에 부는 바람은 완연한 봄바람이다.

◆ TIP 걷기 명상 안내 ◆

망월사 요사채 공양실 무쇠솥

망월사 '깨달음의 길'은 오로지 걸어서 오르내릴 수 있다. 길은 폭이 넓지도 않은 산길이다. 대중교통을 이용할 때는 지하철 망월사역에서 내려 걸어 들어와야 한다. 승용차를 이용할 때는 도봉산 입구에 주차하고 들어와야 한다.

망월사 입구에는 두 갈래 길이 있는데 포대능선으로 가는 길과 망월사로 향하는 길이 있는데 좌측길이 망월사 '깨달음의 길'이다. 길 초입에서 다리를 건너면 우측으로 계곡이 나오고 곧바로 1.9km 올라가면 망월사다. 초입 길은 돌을 벽돌 모양으로 깨서 깔아놓은 길이 나오고 평탄한 길이 끝나는 기점에는 엄홍길 대장이 세 살부터 마흔 살까지 살았다는 '엄홍길 집터'라는 안내판이 있다. 불자이기도 한 엄 대장은 세계 최초로 히말라야의 8천 m급 16개 봉과 7대륙 최고봉을 오른 전인미답의 기록을 남긴 불굴의 산악인이다.

다시 능선을 오르면 우측 바위봉우리에 불쑥 나온 듯이 보이는 두꺼비 바위가 있고 가파른 능선을 지나면 길옆에 두꺼비 바위가 있다. 평탄한 곳에는 암자 토굴이 있고 100여 m을 오르면 나무아미타불 표석과 안국 표석을 만난다. 원도봉 계곡에서 벗어나는 지점에 휴식할 수 있는 의자가 있는 쉼터가 있다. 잠시 휴식 후 머리를 들어보면 산 8부 능선에 망월사가 보인다.

이곳에서부터 크고 작은 바위로 만들어진 길이 망월사까지 이어지고 망월사에 오르면 커다란 나무로 만든 의자가 방문객을 반긴다. 망월사는 가파른 계단으로 전각들이 연결돼 있다. 특히 영산전으로 향하는 돌계단은 특별히 주의해서 올라야 한다.

봉선사 템플스테이에 참가자들이 지도 법사 스님 국립수목원을 산책하고 있다. (봉선사 사진 제공)

04
남양주 봉선사,
사색의 숲길

눈 밝은 수행자 마음 도량 넓히는 '비밀의 정원'

길 섶 곳곳에는 둥글레를 비롯한
온갖 야생화가 저마다
새치름히 자라나고 있었다.
누가 보아주지 않아도
저마다의 색깔을 우주에 발산하는
들꽃이 대견하다.
척박한 땅에서도 꿋꿋하게 뿌리를 내리고
저마다 최선을 다해 꽃을 피우는
들꽃의 성실함은 사람도
배워야 할 덕목이 아닐까?

많이도 변했다. 그야말로 '뽕나무밭이 푸른 바다로 변한' 상전

벽해(桑田碧海)다. 10여 년 전만 해도 남양주 봉선사를 찾아가는 길은 굽이굽이 돌아가던 길이었다. 서울에서는 청량리에서 버스를 타고 남양주 지선버스를 타고 두 시간은 족히 가야 했던 시골길이었다. 하지만 서울 외곽순환도로가 이어지고 굽었던 길이 바로 펴졌다. 버스 대신 승용차로 획 하니 다녀올 수 있는 편리한 길이 되었다.

절도 많이 변했다. 물론 원형은 그대로 보존돼 있지만, 사격(寺格)은 몇 배로 커졌다. 특히, 일주문과 템플스테이 공간은 새로이 크게 조성했다. 예전에서 산사에서 하룻밤 묵어가려면 힘이 들었던 봉선사이지만 지금은 마음만 내면 충분히 가능하다.

봉선사 가는 길과 사찰은 변했지만, 숲은 여전히 깊고 웅장하다. 물론 숲은 변했을 것이 분명하지만 숲이 내 뿜는 기운은 변함이 없다. 봉선사 입구에 장대하게 서 있는 전나무는 올곧은 수행자를 닮았다.

봄이 오는 길목에 봉선사를 찾았다가 숲길에 매료되어 네 번이

. 지난 4월 방문했을 때의 봉선사 사색의 숲길로 연둣빛 숲이 아기자기하다.

나 찾았다. 처음에는 비 내리던 날 큰 법당 옆 설법전 처마 난간에 앉아서 건너편 산에 피어오르는 물안개를 바라보는 경치가 좋아 넋을 놓고 하염없이 한나절을 앉아 있었다. 불교대학에서 공부하는 젊은 불자들의 수런거림이 적막한 산사의 정적을 깨우기도 했지만, 산사의 운치는 잠든 감성을 깨우기에 충분했다.

봉선사를 찾는 불자 중에는 젊은 분이 많았다. 과거에는 사찰을 찾는 불자라고 하면 으레 나이가 드신 장년이나 노년으로 생각하였으나 지금은 젊은 여성 불자도 늘었다. 사찰이 사회복지 활동을 광범위하게 펼치나 보니 자원봉사를 하려는 불자들도 절 문턱을 자주 넘어 드는 듯하다. 템플스테이 공간이 넓어진 봉선사도 이제는 과거 고즈넉한 산사가 아니라 현대와 과거가 교차해 신행과 수행이 함께 하는 종합수행 포교도량이 되어 있었다.

산사는 이제 스님들의 수행 공간이라기보다는 불자들의 신행 공간이기도 했다. 더 나아가 일반인이 산사를 찾아 흐트러진 자신을 추스르는 치유와 휴식의 공간으로 이용하는 템플스테이 공간의 역할을 하고 있다. 선대로부터 물려받은 문화유산이 즐비한 천년고찰이 온 국민의 마음치유 공간의 역할을 하는 셈이다.

봉선사의 역사는 1000년이 넘는다. 고려 광종 20년(969년)에 법인 국사가 창건해 운학사로 불렀다. 조선 시대에는 선교양종(禪敎兩宗)으로 통합해 교종 중심사찰이 됐다. 세조의 비 정희왕후는 세조를 추모하여 89칸 규모로 중창한 뒤 봉선사(奉先寺)로 사명을 변경해 왕실사찰로 삼았다.

일제 식민지 치하에서는 항일 독립운동을 한 태허 스님이 활동

사색의 숲에서 내려다본 봉선사 전경.

했던 사찰로 민족의 정기가 스며 있다. 같은 시대에 운허 스님도 봉선사에 주석하며 경전의 한글화에도 앞장섰다. 그 뜻을 현재 조실스님인 월운 스님이 이어 한문 대장경의 한글화에 앞장서고 있다. 그래서 '큰 법당' 현판도 한글로 되어 있기도 하다.

숲길을 찾아 봉선사 경내를 두리번거리다가 봉선사 종무원에게 도움을 청했다.

"봉선사 숲길을 한번 가 볼 수 있나요?"

"광릉 국립수목원과 연결돼 있는데 스님들이 이용하는 길이 있어요. 기자님에게는 특별히 안내해 드리겠습니다."

누구나 돌아볼 수 있는 길은 일주문에서 큰 법당 주변까지다. 종무원이 안내해 준 길은 큰 법당 동쪽 언덕을 올라 큰 법당을 돌

녹음이 우거져 울창한 밀림이 형성돼 있다.

아 템플스테이 공간으로 내려오는 1Km 정도의 숲길이었다. 이곳은 사람들의 발길이 닿지 않아 생태가 잘 보존돼 있었다. 길을 누구나 걸으면 저절로 사색에 젖어 드는 길이었다. '봉선사 사색의 숲'을 불러보니 참 잘 어울린다.

길섶 곳곳에는 둥굴레를 비롯한 온갖 야생화가 저마다 새치름히 자라고 있었다. 누가 보아 주지 않아도 저마다의 색깔을 우주에 발산하는 들꽃이 대견하다. 척박한 땅에서도 꿋꿋하게 뿌리를 내리고 저마다 최선을 다해 꽃을 피우는 들꽃의 성실함은 사람들도 배워야 할 덕목이 아닌가 싶다.

숲길은 거대한 소나무와 전나무가 주종을 이루고 있다. 간간이 하늘빛이 드러난 곳에는 잡목이 그 사이를 메우고 있다. 나무와 나무는 조화를 이루면서도 경쟁하듯 자라고 있다. 그 여백에는 다양한 들풀들이 자리를 잡고 있다.

엄청난 둥굴레 군락을 만났다. 뿌리를 뽑아 차를 끓여 먹는 사람들의 발길이 닿았더라면 벌써 사라져 버렸을 법한 군락이다. 크기로 봐서 곧 잎에서 꽃들이 초롱초롱 매달리고 이곳에 이슬도 매달릴 시기가 다가온 듯하다.

무질서한 듯이 보이지만 숲은 저마다의 질서를 유지하고 있었다. 그냥 내버려 두면 건강한 숲이 되지 못한다. 나무와 나무가 건강하게 살아가기 위해서는 간벌(間伐)이 필요하다. 천년 숲이 유지되어 온 곳에는 언제나 천년사찰을 지키는 스님들이 숲을 지켜온 덕분이다.

"사람도 훌륭한 인재가 되기 위해서는 보살핌이 필요하듯 나무도 그렇지 않나 싶습니다."

함께 숲을 걷던 김 거사가 무심히 던진 말이 가슴에 턱 꽂힌다. 그러면서 내소사와 월정사의 전나무 숲길을 생각한다. 통도사의 소나무 숲길도 뇌리를 스친다.

"숲도 보살핌이 필요하군요."

한낮의 뜨거움이 대기에 가득한데도 사색의 숲은 서늘했다. 숲이 뿜어내는 기운에 30도가 넘는 더위를 식혀주고 있었다. 4월에 왔을 때는 휑해 보였던 숲이었으나 6월 1일 방문했을 때는 앞을 분간할 수 없을 정도로 빽빽하다. 봉선사 전경이 내려다보이는 풍경도 확 달라졌다. 산딸나무 꽃이 무성했던 4월이었지만 지난 1일에는 산딸기가 군락을 이루고 있었다.

이리저리 헤매다가 겨우 하산길을 찾아 내려오는데 한 스님을 만났다.

"이곳에는 출입이 금지된 지역입니다. 입산이 금지된 곳에 들어오시면 자칫 벌금을 물을 수 있으니 찍으시던 사진 얼른 찍으시고 내려가세요."

얼른 카메라를 추슬러 템플스테이 공간으로 하산하니 '수행공간 출입금지. 입산 금지' 팻말이 눈에 들어왔다. 지난번 포교팀장과 돌아본 사색의 숲길은 기자에게 준 특권이었다. 이 천혜의 비경을 많은 사람이 볼 수 없는 것이 아쉽기도 했다. 하지만 많은 사람이 찾다 보면 훼손의 우려가 있기에 다행스러운 일이 아닌가 하는 생각도 들었다. 세상사 동전의 양면성이 이런데도 적용되는 듯하다.

사색의 숲을 한 바퀴 돈 뒤 큰 법당 앞에 도착하니 우측에 방적당(放跡堂)이라는 전각이 보였다. '발걸음을 자유롭게 놓아 준다.'라는 뜻이다. 수행자가 일정 기간 수행을 한 뒤 발걸음을 멈추고 쉬는 공간이다. 20여 분 사색의 숲길을 걸었지만 방적당에 발걸음을 멈추고 쉬고 싶다.

◆ TIP 걷기 명상 안내 ◆

봉선사 '사색의 숲'은 걷기 명상 안내가 힘들다. 일반인에게는 공개가 안 되기 때문이다. 반드시 돌아보고 싶다면 사찰 종무소에 특별부탁을 해 살짝 돌아보아야 하겠다. 봉선사 인근에서 걷기 명상을 해 보고 싶으면 광릉숲을 거닐어도 좋다. 봉선사 경내를 걸어서 둘러보는 것도 걷기 명상의 훌륭한 코스다. 봉선사 연지(蓮池)를 돌아보는 것도 훌륭한 걷기 명상 코스다.

봉선사 경내의 봄꽃 잔치.

05

강진 백련사,
동백숲길

가는 봄 아쉬워 만덕산에
붉은 울음 후드득 지네

백련사 옆 동백나무 군락을 찾아간다.
몇 기의 부도와 함께 수령이 오래된
동백나무가 하늘을 가리고 있다.
3월 중순이었지만 이곳에서는
동백꽃이 땅바닥에 흐드러져
봄이 가고 있음을 서러워하며
붉은 울음을 터트리고 있었다.
'꽃이 피면 지는 것이 당연지사거늘,
꽃 진다고 무엇이 그리 슬프더냐…'

강진 만덕산 백련사 동백꽃이 핀다는 소식을 일찍감치 들었다.
겨울 동백이 12월부터 꽃망울을 터트리니 조바심이 나기도 했다.

백련사 옆 동백나무 군락에 피었다가 떨어진 동백꽃. 하늘을 가릴 정도의 거대한 나무숲은 동백숲길의 백미다.

2월부터 백련사 회주스님께 휴대전화기를 누르곤 했다. 스님의 대답은 느긋했다.

"아직은 아니다. 3월이 다 가야 동백꽃이 지천일 거이니 천천히 내려 오니라잉."

스님의 말처럼 동백을 기다리는, 동백을 그리는 마음이 그렇게 느긋할 순 없다. 급기야 봄 내음이 코끝에 걸린 날 바리바리 취재장비를 챙겨 전라남도 강진으로 향했다.

남도의 봄 내음이 갯내음과 함께 피부로 솔솔 들어온다. 도시의 강퍅한 생활에 찌든 몸은 호흡 지간에 잠에서 깨어난 듯 기지개를 켰다.

'아! 우리 나라에도 이런 아름다운 땅이 있었다니….'

한나절에 도착한 남도는 새로운 세상이었다.

서울에서는 도저히 맛볼 수 없는 푸짐하고도 저렴한 점심은 남도의 천년 숲길로 향하는 길에서 덤으로 얻은 보너스다. 젓갈이 간간하게 배여 있는 음식은 입안 혀끝에서 만든 이의 정성이 느껴진다. 푸진 공양에 춘곤증과 식곤증이 몰려왔다. 하지만 더 마음에 접어 둔 만덕산 동백숲길에 드는 일이 남아 있기에 몸은 어느덧 백련사에 당도해 있었다.

백련사 일주문에서 시작되는 동백숲길은 '아름다운 숲 전국대회'에 이름을 올릴 정도로 유명하다. 겨울 동백이 일품인 백련사와 다산 정약용 선생의 실학 정신이 스며 있는 다산초당길은 이어져 있다. 조선 시대에는 이 길에서 혜장 스님과 다산 선생이 우정을 나누며 깊이 있는 사상을 교류한 곳으로도 유명하다.

천년 숲길에는 사람보다 새들이 길손을 반겼다. 어디에서 왔는지 이름 모를 여러 종류의 새들이 숲에서 지저귄다. 가만히 생각해 보니 서 새들은 이디서 온 게 아니고 이 숲의 주인이었다. 불쑥 찾아온 손님에게 모습을 보여주기가 부끄러운 듯, 숲 어딘가에서 합창한다.

반갑게 맞아 주는 백련사 회주스님이 직접 법제한 귀한 차를 내어준다. 혀끝에 고이는 침의 달콤함이 차의 품격을 말해주고 있다. 30여 년 전 기자 생활을 할 때 만난 스님이었으니 인연이 깊다. 스님은 주석하는 전각 앞에 핀 고목의 매화를 극찬하며 차를 따랐다.

"잘 봐. 저 매화는 한 나무에서 두 종류의 꽃을 피우고 있어."

정말 그랬다. 분홍빛과 흰빛을 띠는 두 가지 종류의 매화꽃이

깃대봉으로 오르는 길에 조성된
산죽 나무 터널.

한 나무에서 피어 진한 향기를 피우고 있었다. 놀랍기도 하고 신기하기도 했다. 감탄사도 연신 나왔다. 혜장 스님과 그의 제자였던 초의선사의 전통을 잇고 있는 스님이 차 두통을 내어주셨다. 한 통은 아는 스님에게 선물하고 한 통은 깊숙한 곳에 숨겨 놓고 아껴 먹기로 했다.

본격적인 동백숲길 돌아보기는 백련사 뒤편에서부터다. 수백 년 된 동백나무와 후박나무 비자나무가 군락을 이루고 있다. 백련사에서 다산초당에 이르는 1km가량의 길은 잘 정비돼 있어 걷기가 편하다. 다만 계단이 많이 만들어져 있어 호젓하게 산책하는 데

백련산 길에 수북이 쌓인 나뭇잎.

는 계단의 높이가 장애가 되었다.

백련사 동백숲길의 백미는 백련사 옆 동백나무 군락이다. 몇 기의 부도와 함께 수령이 오래된 동백나무가 하늘을 가리고 있다. 3월 중순이었지만 이곳에서는 동백꽃이 땅바닥에 흐드러져 봄이 가고 있음을 서러워하며 붉은 울음을 터트리고 있었다.

'꽃이 피면 지는 것이 당연지사이거늘, 꽃이 진다고 무엇이 그리 슬프더냐…'

마음속으로 대수롭지 않은 자연의 이치라며 돼 뇌어 보지만 강렬하게 봄의 향연을 마친 매화와 동백이 가는 길은 슬퍼 보였다. 그래서 숲에서 산새들이 소리 높여 울고 있었나 보다. 이 길을 오

다산 초당으로 가는 대숲길.

가는 사람들이 동백 꽃잎을 모아 사랑의 하트모양을 만들어 놓았다. 붉은 꽃잎이 뿜어내는 강렬한 사랑에 취한 사람들처럼.

 다산초당으로 가고자 하는 길을 잘못 들었다. 산길이 가팔라지고 숨이 턱까지 차오르고야 만덕산 깃대봉으로 오르는 길임을 알았다. 발길을 돌려 내려오면서 올바른 길을 찾았다. 하지만 잘못 들어선 길에서 큰 소득을 얻었다. 깃대봉 가는 산길 곳곳에는 산죽이 자라 하늘을 가릴 정도로 운치가 있었기 때문이다.

 세상을 살다 보면 뜻하지 않게 좋은 일을 만나기도 한다. 이를 가리켜 흔히 '운이 좋았다'라고 한다. 그렇지만 그 '운 좋은' 것을 얻기 위해서는 가파른 산길을 올라야 하는 값을 치러야 하는 단서

백련사 오솔길에 조성된 백련사 차밭.

  가 있는 듯하다. 세상에는 흔히 말하는 '공짜는 없다'라는 말처럼 인과 법이 작용함을 알아야 하겠다.

  산허리를 넘어가는 길목에 해월부가 백련사와 강진만을 바라보고 있다. 그 너머로 내려가면 다산초당이 있다. 이 길에는 야생차가 길섶에서 자라고 있다. 강진으로 유배를 온 다산 정약용 선생은 자신보다 나이가 10살이나 어린 아암 혜장 스님의 법력에 감응해 오솔길을 오가며 두터운 사상적인 교류를 했다. 혜장 스님은 다산에게 유학을 배우고 다산은 혜장 스님에게 선(禪)과 차를 배웠다.

  유난히 차를 즐겼던 다산 선생의 차에 대한 사랑은 혜장 스님에게 보낸 '걸명소(乞茗疏)'에서 엿볼 수 있다. 스님에게 차를 보내줄

다산 초당 입구 나무뿌리.

것을 간절히 청하는 편지에서 두 사람의 우애와 유머가 돋보인다.

"나그네는 요즘 차를 탐식하는 사람이 되었으며 겸하여 약으로 삼고 있소 … 듣건대 죽은 뒤 고해의 다리 건너는데 가장 큰 시주는 명산의 고액이 뭉친 차 한 줌 보내 주시는 일이라 하오. 목마르게 바라는 이 염원 부디 물리치지 마시고 베풀어 주소서."

숲길을 사이에 두고 사상과 정신을 나눈 두 성현의 이야기가 시대를 넘어 회자하고 있다. 그 이야기는 다시 숲길을 만들어 내고 사람들은 그 길을 걸으며 성현의 가르침을 가슴에 새기고 있다. 갈망의 시대가 성현을 만들어 내고 길을 만들어 낸다. 그 길은 시대를 가로 질어 다양한 색채를 띤다. 사람이 길을 만들고, 길이 다시 사람의 정신을 살찌게 하듯이….

동백숲길에 떨어진 동백꽃으로 만들어 놓은 하트 문양.

◆ TIP 걷기 명상 안내 ◆

숲길의 시작은 백련사 주차장에서부터다. 자동찻길을 오르지 말고 일주문을 넘어서면 백련사로 향하는 길이 나온다. 우선 백련사 경내를 휙 하니 둘러보시길. 이어 백련사 동백숲길로 들어가 고령(高齡)의 동백나무 군락을 돌아본다. 이곳에는 몇 기의 부도(스님의 무덤)가 있다. 동백나무 군락에서 곧바로 오르면 만덕산 깃대봉으로 향하는 길이다.

다산초당길로 가려면 이곳에서 다시 내려와서 차밭을 지나 계단으로 이어지는 산허리를 올라야 한다. 산 중턱에 해월루가 자리하고 있고 곧바로 내려가면 다산초당이다. 그전에 최근에 만들어진 천일각에서는 강진만을 한눈에 조망할 수 있다. 백련사에서 다산초당까지는 왕복 2km 남짓 걸린다. 다산기념관과 수련원이 있는 마을까지 돌아보려면 왕복 4km는 잡아야 한다.

백련사 동백꽃.

송광사 불일암, 무소유길 ○────○ 강화 정수사, 함허 스님 길 ○────○ 부여 무량사, 설잠 스님 길

2장

녹음 짙은 여름에 명상하기 좋은 천년사찰 숲길

○— 대구 파계사, 노송(老松)길 ○—○ 공주 마곡사, 백범 명상길 ○—○ 김천 직지사, 직지숲길 ○—○ 안동 봉정사, 극락숲길

01

송광사 불일암, 무소유길

법정 스님 가신 불일암 대숲
바람만 '서걱서걱'

불일암 사립문.

길은 길로 이어져 있다.
사람이 다니던 길은
동물이 다니는 길과 연결돼 있다.

그 길은 빗물이 다니는 길
사람이 다니고 동물이 다니고
물과 바람이 다니는 길이다.

그런 의미에서 보면
'무소유의 숲길'이라는
명칭도 무색해 보인다

구름이 흘러간다. 하늘이 일렁인다. 바람이 분다. 하늘을 쳐다보며 어떤 표현을 써야 할지 모르겠다. 순천 조계산 송광사에 들어 하늘을 쳐다보며 언어의 장벽에 막혔다. 초여름 뭉게구름 흘러가는 모습을 보며 딱 맞는 표현을 하려다가 낭패만 당했다.

6월 초 송광사에 이틀간 머무르며 푸른 하늘을 많이 봤다. 서울 생활에 찌든 '도시 번뇌'를 녹여내기 위해서다. 53기도 도량 순례단 3500여 명이 송광사를 찾아 순례 기도를 한다고 해서 동행한 특혜다. 순례길에 '무소유길'도 돌아봐야겠다고 다짐했다. 때마침 순천시에서 숲길을 조성해 놓았다는 소식도 들려온 터였다.

'무소유 숲길'이라고 이름을 붙여 놓았지만 특별하지는 않았다. 법정 스님이 머물렀던 불일암을 오르는 길이고, 순천시에서 예산

불일암 본당 원경.

을 조금 들여 안내판을 설치하는 등 약간의 정비를 해 놓은 수준이었다. 문득 법정 스님의 저서 『서 있는 사람들』의 표지 사진이 생각났다. 승복에 댓잎을 말끔히 메고 서 있는 모습이다. 불현듯 스님이 수시로 오르내렸을 불일암 길이 상상 속에 아른거리며 단잠에 들었다.

순례 2일째 새벽. 53기도 도량 순례단이 도착하려면 두 시간 정도의 여유가 있다. 서점을 겸한 불교용품점에서 불일암 가는 길을 물었다. "요 아래로 가셔서 개울 건너 쭉 올라가쇼, 잉. 왕복 1시간이면 충분할 것이요."

계곡 돌다리를 건넜다. 조계산에서 흘러내리는 물이 옥수(玉水)

법정 스님 부도.

무소유 의자.

같다. 바닥을 보니 1급수에만 산다는 버들치가 유유히 논다. 누가 잡으려 들지 않으니 느긋하기조차 하다. 종무소 아래 전각에는 신행 단체인 '송사모' 팻말이 있다. '송광사를 사랑하는 모임'이다.

예로부터 훌륭한 스님들이 많이 나온다고 해서 한국불교의 승보종찰인 송광사다. 과거에는 16국사가 나올 정도니 이곳을 사랑하지 않을 수 없을 법하다. 계곡을 끼고 내려오는 우측에는 템플스테이 공간이 큼직하게 자리하고 있다. 예전에는 사찰에 숙소가 없어 특별한 수련회를 열어 정진했는데 이제는 템플스테이가 활성화되어 화장실이 따로 딸린 공간에서 수행형은 물론 휴식형으로 사찰에 머물 수 있다.

감로암을 오르다가 짐짓 길을 잘못 택했음을 직감하고 길을 물어 밑으로 내려왔다. 광원암과 불일암이란 팻말이 적힌 대숲이 나타났다. '아! 무소유길이 여기군….'

인적이 드문 곳에 발길이 잦아 길이 만들어진 듯한 숲길이다. 자동차도 오토바이도 자전거도 다니지 못하는 소로(小路)다. 몇 발짝 들어가니 '무소유길'이라는 팻말이 나온다. 길에서 만난 팻말이 반가웠다. 길이 더 의미 있어 보였다. 팻말에 적힌 글귀를 음미하며 마음속으로 읽어 내렸다.

"당신이 진정으로 하고 싶은 일을 찾아라. 그 일에 전심전력을 기울이라. 그래서 당신의 인생을 환하게 꽃피우라."(법정 스님『오두막 편지』중에서)

무릎을 "탁!"치고 싶을 정도로 공감이 된다. 젊은 날 얼마나 하고 싶은 일을 찾아 방황했던가? 문학청년으로 번민의 밤을 지새운 날도 많았고, 기성세대가 만들어 놓은 두꺼운 껍데기를 깨고자 고뇌 했다. 결국, 삶과 관련된 일을 찾아 지금까지 진력하고 있지만, 삶의 가치를 찾아서 하고자 하는 일은 한쪽에 두고 있다. 이런 고민을 할 겨를도 없이 세상에 내몰리는 요즘 세대의 청년들에게 연민의 정이 느껴진다.

가파른 산길이 눈앞에 들어온다. 본격적 산행이 시작되는 시점이다. 그 한쪽에 또 하나의 팻말이 자리하고 있다.

"명상은 열린 마음으로 귀 기울이고 바라봄이다. 이 생각 저 생각으로 뒤끓는 번뇌를 내려놓고 빛과 소리에 무심히 마음을 열고 있으면 잔잔한 평안과 기쁨이 그 안에 깃들게 된다."(법정 스님『오두

막 편지』 중에서)

팻말의 글을 화두로 삶아 그 의미를 되새김질한다. 생각을 내려놓는다. 머리가 하얀 백지상태로 된다. 다가오는 사물을 물끄러미 바라보며 여섯 가지 근원(눈 귀 코 혀 몸 의식)을 열어놓는다. 길은 길로 이어져 있다. 사람이 다니던 길은 동물이 다니는 길과 연결돼 있다. 그 길로 빗물이 흘러 내린다. 사람이 다니고 동물이 다닌다. 바람이 다니는 길이다. 그런 의미에서 보면 '무소유길'이라는 명칭도 무색해 보인다. 모두가 인간에 의해 이름 지어진 것이기에 자연의 처지에서 보면 아무런 의미가 없다.

한동안 길 이름을 뇌리에서 지워버리고 걸어본다. 이름이 없어도 아무런 제약이 없다. 오히려 그냥 바라보고 걸어가는 길이 더 친근하다. 길섶에 몇 포기 엉겅퀴가 보라색 꽃을 피우고 있다. 누가 보아주지 않아도 최선을 다해 피는 들꽃이다. 그 옆으로 꿀풀도 피고, 개망초도 다투듯 하얀 꽃대를 올려 숲의 일원으로 역할을 하고 있다. 그 사이에 하나의 팻말이 또 보인다.

"무소유란 아무것도 갖지 않는다는 것이 아니라 불필요한 것을 갖지 않는다는 뜻이다. 우리가 선택한 맑은 가난은 넘치는 부 보다 훨씬 값지고 고귀한 것이다." (법정 스님 『산에는 꽃이 피네』 중에서)

많은 것을 가지려는 세상에 무소유의 가르침을 일깨운 법정 스님의 일성이다. 넘치는 부(富)보다 맑은 가난이 값지고 고귀하다는 가르침을 세상 사람들은 과연 이해할 수 있을까? 들꽃은 이미 자신이 필요한 것만 최소한 취하고 부족하면 부족한 대로 지내다가 저마다 꽃을 피운다. 주어진 환경에 순응하는 자연은 그 자체가 무소유의 삶이거늘 만물의 영장이라 부르는 사람은 그 뜻을 알아차리기에는 많은 시간이 걸리는 듯하다. 영영 모르고 살다가 가는 이도 적지 않을까.

"행복은 결코 많고 큰 데만 있는 것이 아니다. 작은 것을 가지고도 고마워하고 만족할 줄 안다면 그는 행복한 사람이다. 여백과 공간의 아름다움은 단순함과 간소함에 있다."(법정 스님 『홀로 사는 즐거움』 중에서)

불일암으로 들어가는 대숲 길 초입에 아로새겨진 팻말이 나그네의 발길을 또 머물게 한다. 작고 소박한 것에 깃든 행복과 아름다움을 설파하는 법정 스님. 당신의 삶이 그러했기에 가신 뒤에도 더욱 긴 여운을 남기고 있다. 대숲 길에 들어서는 길에도 스님의 주옥같은 가르침이 팻말에 새겨져 있다.

"아름다운 마무리는 처음의 마음으로 돌아가는 것이다. 아름다운 마무리는 내려놓음이다. 아름다운 마무리는 비움이다. 아름다운 마무리는 용서이고, 이해이고, 자비이다."(법정 스님 『아름다운 마무리』 중에서)

나무관도 없이 평소에 입던 가사 한 벌만 입고(受) 피안의 세계로 가던 모습이 아른거린다. 이 세상 어떤 수행자의 마지막 모습보다 파격적이고, 충격적이고, 감동적인 모습이었다.

서걱거리는 대숲 바람소리를 들으며 불일암에 든다. 불일암은 적요하다. 소박하고 검소했던 법정 스님의 가풍을 이어 상좌 스님이 머무는 암자는 가시기 전과 별반 다름이 없다. 다만 나무 의자는 텅 비어 있고, 암자 앞 나무 아래에는 '법정 스님 계시는 곳'이

법정스님 다비 후
후박나무 아래 뿌린 유골 터.

간 명패가 하나 더 붙어 있다.

나무 의자 책갈피에 눈을 갖다 대어 본다.

"하나가 필요할 때는 하나만 가져야지, 둘을 갖게 되면 애초의 그 하나마저도 잃는다. 행복의 비결은 필요한 것을 얼마나 갖고 있는가가 아니라, 불필요한 것에서 얼마나 자유로워져 있는가에 있다. 우리가 걱정해야 할 것은 늙음이 아니라 녹스는 삶이다. 인간의 목표는 풍부하게 소유하는 것이 아니라 풍성하게 존재하는 것이다."(법정 스님 『살아있는 것은 다 행복하라』 중에서)

초여름 불일암 입구에는 큰 감나무가 몇 그루 서 있다. 감꽃을 떨어뜨린 뒤 열린 감도 바닥에 상당히 떨어져 있다. 나무가 지탱할 수 있는 감만 남기고 필요 없고, 감당 못 하는 감은 자연에 돌려주고 있다. 불필요한 것은 취하지 않고 삶을 영위하는데 필요한 것만을 취하는 감나무에서 법정 스님의 가르침이 보인다. 이 가르침을 법정 스님이 감나무에게 배웠을까. 아니면 감나무가 법정 스님의 가르침을 배웠을까. 불일암을 서성이며 곰곰이 생각해 본다.

◆ TIP 걷기 명상 안내 ◆

불일암 '무소유길'은 본사인 송광사에서 조금 내려와 광원암과 불일암 가는 이정표를 찾아 불일암으로 가면 된다. 불일암으로 가는 오솔길 곳곳에는 법정 스님의 말씀이 담긴 팻말이 붙어 있다. 그 끝에는 대숲이 형성돼 있다. 해마다 대나무가 올라와 정비하고 있다. 불일암 아래 나무 계단은 매년 장마가 지나가면 패이는 곳이 많아 보수하고 있다.

걸어서 불일암으로 올라가는 메인 오솔길이 '무소유길'이다. 2025년에는 불일암으로 올라가는 자동차 길도 만들어져 있다. 문명의 이기가 불일암에도 스며든 셈이다. 광원암으로 지나 산길로 난 호젓한 숲길을 지나 불일암에 갈 수도 있다. 2025년 2월 23일에는 불일암에 법정 스님 부도도 모셨다. 불일암 좌측 언덕배기에 모셨는데 우측에 모셔져 있는 자정국사 묘광탑보다 조금 낮은 곳이다. 불일암 아래 요사채인 하사당도 새로 증축했다.

불일암 앞 후박나무 아래에는 법정 스님의 유골이 묻혀 있다. 법정 스님이 불일암에 들어간 해가 1975년이니 벌써 50년이 넘었다. 암자는 법정 스님이 원적에 든 이후 맏상좌인 덕조 스님이 10년 넘게 주석하며 법정 스님의 가르침을 이어오기도 했다.

증축한 하사당 낙성식.

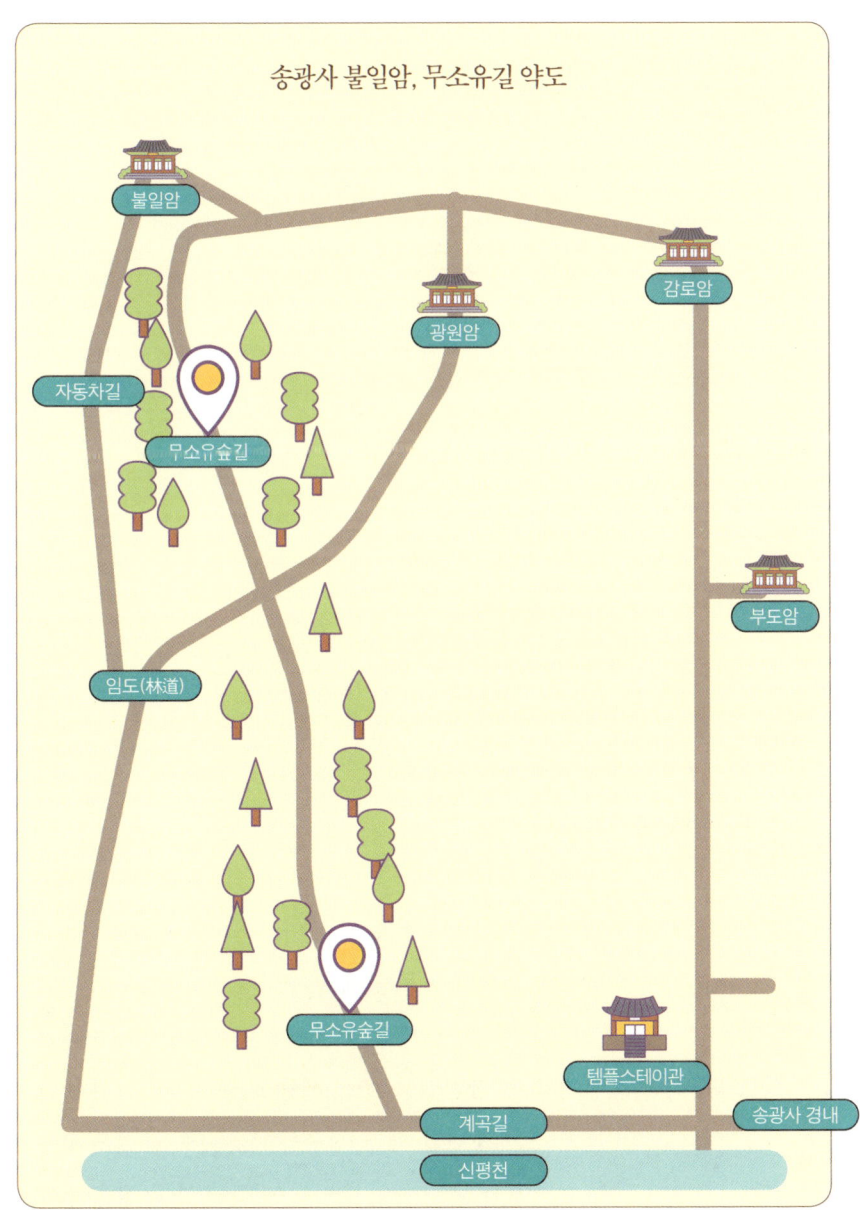

02

강화 정수사,
함허 스님 길

노란 상사화 피는 길목에서
나누는 차 한잔

차의 성지인 정수사에는
노란 상사화가 피어나고 있어
애틋한 사랑이야기가 가미된
순애보가 사람들의
입에 오르내리고 있다.

강화군 화도면 해안남로 1258번길 142. 마니산 중턱으로 서해가 한눈에 내려 다 보이는 느티나무 숲에 정수사가 자리하고 있다. 사찰 입구에서부터 경내는 느티나무 고목이 천년고찰 분위기를 더한다. 신라 선덕여왕 때 창건했고, 조선 세종 8년에 함허 스님이 중수했다고 전한다. 처음 창건할 때는 정수사(精修寺)로 불렀으나 함허 스님이 서쪽 건물에서 맑은 물이 솟아나는 것을 보고 정수사

(淨水寺)로 고쳤다.

물맛이 좋아 차의 성지(聖地)로 불리는 정수사이지만 함허 스님과 관련된 많은 이야기가 전하는 곳이 정수사다. 함허 스님(1376-1433)의 활동시기는 고려말 조선초기. 무학대사(1327-1405)의 제자로 알려진 스님은 불교를 배척당했던 시기였지만, 세간에도 많이 알려진 스님이었다.

스님의 법명은 기화(己和), 법호는 득통(得通), 당호는 함허였다. 속가 성은 유(劉) 씨였다. 어려서 사서삼경을 배웠고 21세 때 관악산 의상암에서 출가했다. 이듬해 양수 회암사로 들어가 무학대사에게 가르침을 받고 명산을 두루 편력하다가 태종 4년(1404) 회암사로 돌아와 크게 깨치고 오도송을 읊는다

문경 사불산에 머물 때 내용이 다른 두 권의 〈금강경설의〉를 지었다. 어느 날 함허 스님은 제자들을 불러 "하나는 태우고 하나는 땅속에 묻으라"라고 일렀다. 얼마 후, 〈금강경설의〉를 파묻은 자리에서 홀연 상서로운 기운이 뻗쳤다. 그러자 제자들이 임금께 아뢰었고, 땅속에 묻혔던 〈금강경설의〉는 다시 세상 밖으로 나왔다는 법력이 전한다.

1392년 개국한 조선을 불교를 배척했지만 함허 스님은 불교가 바른 종교임을 주장한 〈현정론(顯正論)〉을 저술해 배불론(拜佛論)자들에게 맞서기도 했다. 1421년에는 세종대왕의 부탁을 받고 개성 대자사(大慈寺)에 머물렀다. 이후 길상산, 공덕산, 운악산 등을 두루 주유하며 부처님의 가르침을 널리 펼친다.

1431년 문경 희양산 봉암사로 들어가 쇠락한 사찰을 크게 중수

요사채 뒤편에 자리한
함허대사 부도.

한 후 일념으로 정진하다 1433년(세종 15) 입적했다. 함허 스님의 비는 봉암사에 있고, 사리는 다섯 군데서 나누어 부도를 모셨다. 그 장소는 가평 현등사, 희양산 봉암사, 황해도 현봉사, 위치를 알 수 없는 인봉사, 강화 정수사다.

함허 스님의 행적이 선명한데도 17세기에 저술된 강화읍지『강도지(江都誌)』에는 "고려 때 중원에서 건너 온 함허대사가 이곳에서 수행했는데, 그의 부인이 찾아와 모국으로 돌아가길 청했으나 돌아가지 않자 바다에 빠져 죽었는데, 각시바위(각시의 섬)가 되었다"는 내용이 전한다.

여기서 중원이라 함은 명나라(1368~1644)를 지칭할 것인데 수행을 하기 위해 강화도에 왔다는 말은 와전된 듯하다. 당시의 상황으로 봐서 중국 스님이 강화도까지 와서 수행한다는 것은 아주 이례적이었을 것이다. 아마도 무학대사의 제자인 함허 스님이 이곳에서 정진한 것을 후대의 기록가들이 대수롭지 않게 기술을 했거나, 구전으로 떠도는 설화를 기록으로 남김으로써 이러한 착각을

정수사(淨水寺)라는 사찰명과 관계가 깊은 수각.

삼성각으로 오르는 길에 핀 수국.

일으키지 않았나 하는 생각이다. 조금은 황당한 이야기이지만 때마침 요즘 정수사에는 노란 상사화가 피어나고 있어 애틋한 스님의 사랑이야기가 가미된 '순애보'의 스토리텔링이 사람들의 입에 오르내리고 있다.

기록에 나타난 정수사는 함허 스님이 수행처로 삼았고, 이곳에서 나오는 물 맛이 너무 좋아 정수사(淨水寺)라는 이름으로 사찰명을 바꾸었다. 그래서 차인들에게 정수사는 한국에서 손꼽히는 차의 성지다.

삼복더위가 기승을 부리던 대서(大暑)였던 여름 정수사를 찾았다. 매미소리가 요란히 느티나무 숲을 가득 채우고 있었다. 혹서를 피하고 숲에서 사진촬영이 용이한 새벽시간을 택해 강화도로 향했다.

정수사의 사격은 상당히 변했다. 상사화가 피어나는 입구의 길은 폐쇄를 해 놓았다. 희귀종인 노란 상사화를 보호하기 위한 조치로 보인다. 사찰 입구길은 넓게 뚫렸고, 우회도로도 생겼다. 운치가 있던 찻집은 새로 단장해 방문객들을 맞이하고 있었다.

경내 삼성각 앞의 수국은 제철의 아름다움을 발하고 있었다. 정수사라는 사찰명을 남긴 수각(水閣)에서는 지금도 달디 단 맑은 감로수가 흘러나오고 있다. 경내는 매미소리로 가득했지만 인기척은 없어 한적했다. 이따금 지나가는 새소리가 한 여름 산사의 적요를 무너뜨린다.

바위에 붙어 자라 나 꽃을 피우는 이름모를 꽃의 생명력을 보며

정수사로 들어가는 옛길. 지금은 상사화 보호구역으로 정해놓고 사람들의 출입을 금지하고 있다.

자연에 대한 경외심마저 든다. 그 앞에 요사채로 향하는 쪽문이 야생화와 어울려 운치를 더한다. 한옥과 들꽃이 연출하는 천년고찰의 아름다움이다.

정수사의 백미는 대웅보전 꽃창살문이다. 법당 정면 4개의 문(4분합문)의 꽃 창살은 특이하게 통판에 꽃문양을 새겼다. 꽃병에 연꽃과 모란이 담겨져 있는 화려한 문양 덕분인지 이 법당은 보물 제161호로 지정돼 있다.

함허 스님의 부도로 향하는 길은 오솔길이다. 장마철 소나기가 지나간 자리에는 버섯이 우산처럼 피어나고 있다. 요사채 뒤편 호젓한 길을 100여m 올라가면 널직한 자리에 함허 스님 부도가 강화도 갯벌을 바라보고 있다. 갯벌 안에 각시바위가 섬처럼 떠 있

정수사 본당 대웅보전 전경.

다. 사람들은 함허 스님 부도가 각시바위를 바라보고 있는 모습을 보고 '각시바위 설화'를 만들어 낸 듯하다. 스님에게서는 일어나지도 않은 황당한 순애보를 세속인들은 '설전(舌戰)'을 펴면서 만들어 낸 게 아닌가 싶다. 함허 스님의 마음자리를 아는 데는 아랑곳하지 않고 그저 스님의 이야기를 소설화 한 주역들은 불교를 배척했던 유학자들이 아니었나 하는 생각이다.

온갖 억측에 난무해도 함허 스님의 수행력 때문인지 정수사 옆 계곡은 '함허동천'이라는 지명까지 생겨 난 것을 보면 법력이 얼마나 뛰어났는지 가늠할 수 있다. 스님 이전에도 이후에도 수많은 사람들이 살다 갔지만 정수사와 인근에는 그 흔적이 보이지 않는다.

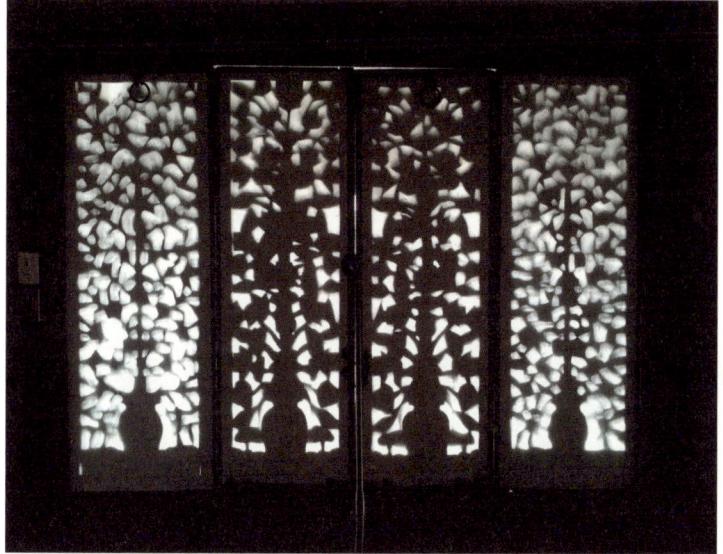

정수사 대웅보전 법당 꽃창살문 밖(위)과 내부에서 본 모습(아래).

◆ TIP 걷기 명상 안내 ◆

정수사를 돌아보는데는 시간이 별로 걸리지 않는다. 자동차가 사찰 옆 주차장까지 올라가는 덕분이다. 걸어서 정수사에 가려면 동막해수욕장으로 가는 길에서 내려 20여분 정도 올라와야 한다. 정수사 대웅보전으로 이어지는 옛길은 폐쇄되어 있다. 대신 그 옆으로 돌계단을 오르면 된다. 자동차를 이용할 경우 주차장에서 내려 새로 난 길을 택하면 종무소에 이르고 곧바로 정수사 법당 앞마당에 이를 수 있다.

정수사는 차의 성지이기도 하다. 정수사 수곽에서 나오는 물은 찻물로 유명하다. 정수사 경내를 돌아 본 뒤에는 반드시 함허 스님 부도를 찾아가 보길 권한다. 요사채 뒤편 산중턱을 오르면 만나게 되는 함허 스님 부도는 강화도 갯벌을 바라보는 한적한 소나무 숲에 자리하고 있다. 안내판에는 정수사를 있게 한 함허 스님에 대한 소개가 되어 있고 높이 164cm의 부도가 자리하고 있다. 이곳에서 바라보는 강화갯벌(서해)의 경치는 일품이다.

입구도로.

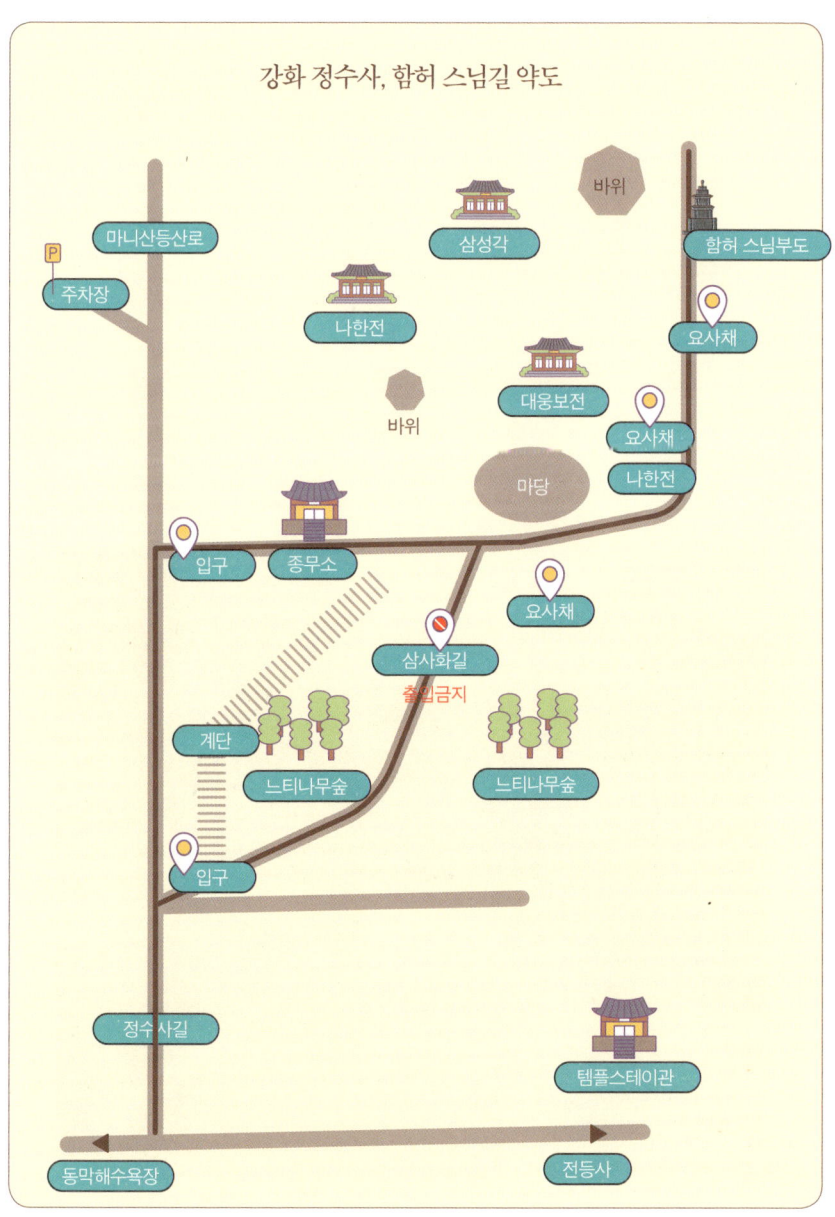

03

부여 무량사, 설잠 스님 길

불의의 시대와 등 돌린
시대의 방랑자 숲

무량사 입구 일주문.

세조의 왕위 찬탈 소식을 듣고
관직에 나가지 않고
세상을 주유한 생육신의 절개
개인의 영달과 이익을 쫓아 불나방처럼
떠돌았던 영욕의 시대에 설잠 스님은
'어떻게 세상을 살아야 하는가'에
대한 화두를 던져준다.

8월 끄드머리. 처서가 지났지만, 늦여름의 끝이 길다. 30도를 웃도는 이상 기온이 온 민초들의 마음을 처지게 한다. 때아닌 전기요금 폭탄이 가정에 날아들어 국민의 불쾌지수는 더 높다. 속 시원한 제도개선도 되지 않는 분노를 부채질하고 있다.

울컥한 마음 삭이지도 못한 이때 잠시 마음을 비울 곳을 찾는다. 시대의 불의와 타협하지 않고 한평생 올곧은 지조를 지키다가 일생을 마감한 설잠 스님(1435-1493)의 서늘한 체취를 찾아 부여 무량사로 향했다. 설잠 스님이라는 법명보다는 김시습이라는 이름으로 더 유명한 설잠 스님. 조선 세종 때 조선의 공자로 불릴 만큼 천재성을 타고 태어난 신동이었던 스님은 조선왕조의 처절한 왕권 다툼과 불의에 저항하는 충신들의 죽음을 보고 불문(佛門)에 의탁해 전국을 유랑한다.

유교와 불교, 도교를 두루 섭렵했던 김시습은 21살 때 삼각산 중흥사에서 머무르며 수행을 하고 있을 때 세조가 왕위를 찬탈한 소식을 접한다. 울분을 참지 못해 대성통곡한 그는 서책을 불사르며 관직에 나가지 않겠다는 결심을 한다. 심지어는 화장실에 빠지기도 했다.

22살 때 사육신이 마침내 처형되자 김시습은 성삼문, 유응부 등의 주검을 수습한다. 이후 온 산하를 주유한 설잠 스님은 경주 금오산(지금의 남산)의 용장사에 정착해 부처님께 조석으로 예불하며 우리나라 최초의 한문 소설인 『금오신화』를 집필한다. 이 소설은 불의가 판을 치는 현실에 고통을 받으면서 이상적인 것을 염원한 성과물이었다.

스님은 남산 용장사에서 매일 맑은 물을 올려 예불하고 예불이 끝나면 곡을 하고 곡이 끝나면 노래하고 노래가 끝나면 시를 지었다. 시가 끝나면 또 곡을 하고는 시를 불태워버렸다. 조선왕조에서 벌어지는 게 정의롭지 못한 일련의 사건을 보면서 그는 절망에 고통스러워했다. 그러면서 마음 한편에서는 이상적인 세상을 꿈꾸기도 했다. 그러한 산물이 우리나라 최초의 한문 소설인 『금오신화』였다.

한 일간지 칼럼니스트는 설잠 스님의 『금오신화』 저술에 대해 다음과 같이 표현했다.

"절대 낙관할 수 없는 절망적 현실의 횡포, 그렇다고 비관만 하며 사람살이의 이상과 원칙을 저버릴 수는 없는 상황. 바로 이 지점에서 전기소설 『금오신화』는 탄생한다. 김시습은 인간 세상에서 볼 수 없는 이야기를 통해 인간 사회의 인정과 진실이 그 어떤 상황에서도 결단코 포기될 수 없는 것임을 역설한다."

설잠 스님은 만년인 1492년 여름 만수산 무량사로 들어온다.

짚신과 지팡이 하나로 전국을 주유한 지 30여 년이 된 후였다. 그 이듬해 2월 스님은 『묘법연화경』 발문을 쓰고 3월에 마지막 시를 남기고 입적하는데 임종 게송(臨終偈頌)이 된 셈이다.

> 春雨浪浪三二月(춘우낭낭삼이월)
> 봄비 줄기차게 흩뿌리는 삼월
> 扶持暴病起禪房(부지폭병기선방)
> 선방에서 병든 몸을 일으켜 앉는다
> 向生欲問西來意(향생욕문서래의)
> 그대에게 달마가 서쪽에서 온 까닭을 묻고 싶다만
> 却恐他僧作擧揚(각공타승작거양)
> 다른 승(僧)들이 떠받들까 두렵다.

정의로운 세상을 염원하며, 고통스러운 현실을 조문(弔文)한 '시대의 방랑자'가 머물렀던 만수산 무량사에 든다. 불볕더위 날씨에도 만수산의 깊은 숲은 더위를 품어 열기를 식혀준다. 계곡은 오랜 가뭄으로 거의 바닥을 드러내고 풀들이 무성하게 자라고 있다. 외기둥 2개가 오래된 기와를 이고 있는 일주문 너머로 수백 년 넘은 느티나무 숲이 우거져 있다. 무량사로 들어가려면 다리를 건너야 한다. 사찰의 역사를 말해주는 사적비와 공덕비가 늘어서듯 서 있고 사찰이 배려해 준 듯한 휴식처인 정자가 발걸음을 멈추게 한다.

다리를 건너 우측으로 들면 천왕문이 눈썹과 마주친다. 계단을 오르면 천왕문 너머에 석등과 5층석탑, 2층 규모의 극락전이 액자

조선 시대 생육신의 한 명이었던 설잠 스님(김시습)이 만년에 주석했던 무량사 전경.

천왕문으로 오르는 무량사의 여러 숲길.

에 들어차 있는 듯이 눈에 쏙 들어온다. 무량사의 풍경은 전국에 사진 찍는 작가라면 누구나 알고 있을 만큼 유명하다. 늦여름 평일임에도 사진을 찍는 작가들의 셔터 소리가 여기저기서 들려온다. 종각 옆에 서 있는 느티나무와 소나무의 늘어짐이 석탑과 5층석탑, 극락전과 묘한 조화를 이룬다. 한여름 내린 비로 자란 이름 모를 대형버섯도 느티나무 아랫둥치에서 자기 멋을 더하며 자라나 있다.

극락전 옆 요사채인 우화궁을 지나 사찰 안쪽으로 접어든다. 좌측에는 실잠 스님이 그렸다고 전해지는 영정이 모셔져 있는 영정각이 있다. 우측에는 개울이 있고 그 너머에 건물이 있다. 이 건물은 설잠 스님의 거처라 했던 곳으로 2007년에 복원했다고 한다. 스님의 호인 청한자(淸寒子)의 이름을 따서 '청한당(淸閒堂)'이라 부른다. 청한당으로 다가가서 극락전을 바라본다. 얕은 개울을 건넜을 뿐인데 세속과 한 걸음 더 떨어진 선계(仙界)에 들어온 기분이다. 이곳에서 만년을 보냈을 설잠 스님의 마지막 모습이 뇌리에 스치며 미간이 찌푸려진다.

다시 영정각으로 향한다. 500여 년 전 시대의 아픔을 온몸으로 떠받아 고통스럽게 살았던 스님의 얼굴을 그린 화상에 고스란히 담겨 있는 듯하다. 극락전 앞마당을 나와 도솔암과 태조암 쪽으로 발길을 돌린다. 사철 숲길이 아름다운 곳으로 알려진 이 길은 자동차가 다니는 포장도로다. 하지만 길섶은 밤나무 감나무 자작나무 등 유실수와 조경수가 어우러진 숲길이다. 즐비한 감나무는 과거 이곳에 많은 암자가 있었거나 근자에는 건물이 있었던 것으로 유

무진암 입구에 모셔져 있는
설잠 스님 묘탑.

추한다.

　일주문에서 30여 분 오른 끝자리에는 태조암이 있다. 여기에서 부터는 만수산 등산로가 이어져 있다. 과거 무량사에는 12개의 암자가 있었다고 하니 만수산의 넉넉한 품을 짐작할 수 있다. 산행을 다음으로 미루고 다시 발길을 돌려 일주문 밖으로 향한다. 무진암 입구에 있는 설잠 스님 부도를 친견하러 가기 위함이다. 매표소 아래로 내려와 다리를 건너에 있는 무진암 입구에는 여러 부도가 서 있는데 가장 큰 부도가 설잠 스님 부도다. 스님의 부도의 이름이 특이하다. '五歲 金時習之墓'라고 적혀 있다. '오세 김시습 지묘'라니 스님의 부도에 '묘'라고 적힌 이유는 스님이 입적한 후, 바로 다비를 하지 않고 매장한 뒤 3년 후에 관을 열어보니 생전모습과 같

설잠 스님 진영.

왔다고 한다. 이를 본 스님들이 성불한 선지식으로 여겨 다비를 한 뒤 부도에 모셨다. '오세'라는 호칭은 세종대왕이 신동이라 불리는 스님의 어린 시절 글솜씨를 칭찬한 일에서 연유되었다.

무량사를 나오며 '이 시대의 설잠은 있는가'라고 반문해 본다. 세조의 왕위 찬탈 소식을 듣고 관직에 나가지 않고 세상을 주유한 생육신의 절개. 개인의 영달과 이익을 좇아 불나비처럼 떠도는 정치의 시대에 설잠 스님은 '어떻게 세상을 살아야 하는가'에 대한 화두를 던져준다.

◆ TIP 걷기 명상 안내 ◆

무량사는 국가 문화유산인 보물이 무려 6개나 되는 천년고찰이다. 극락전, 5층석탑, 석등, 괘불, 설잠 스님 진영, 극락전 소조 아미타 삼존불이 그것이다. 일주문부터 색다르다. 원목을 생긴 그대로 세운 두 기둥이 고즈넉한 산사 분위기를 연출한다.

무량사의 가을 단풍은 한 폭의 수채화를 연상하게 한다. 천왕문을 지나 도량에 자리한 느티나무는 고찰과 잘 어울린다. 이곳에 있는 소나무도 무량사와 조화를 이룬다.

극락전 옆에 서 있는 배롱나무도 압권이다. 극락전 옆 우화루를 끼고 올라 바라보는 청한당도 무량사 걷기에 빠뜨리지 말아야 한다. 설잠 스님의 진영이 봉안된 영정각 앞에는 수령이 백 년은 넘음 직한 뽕나무가 자리하고 있다. 이 뽕나무는 보호수로 지정할 가치도 있어 보인다.

경내를 둘러본 뒤 다시 일주문으로 나와 도솔암과 태조암을 걷는 길도 추천한다. 이 길은 자동차 도로이긴 하지만 차량의 출입은 거의 없다. 1Km 거리에 자연적으로 조성된 길섶에는 감나무 밤나무 등 유실수도 즐비하다. 무량사를 둘러본 뒤에는 마지막으로 매표소 아래 무진암 입구에 모셔져 있는 설잠 스님 부도를 꼭 친견하길 권한다.

설잠 스님이 만년에 머물렀다고 전해지는 청한당.

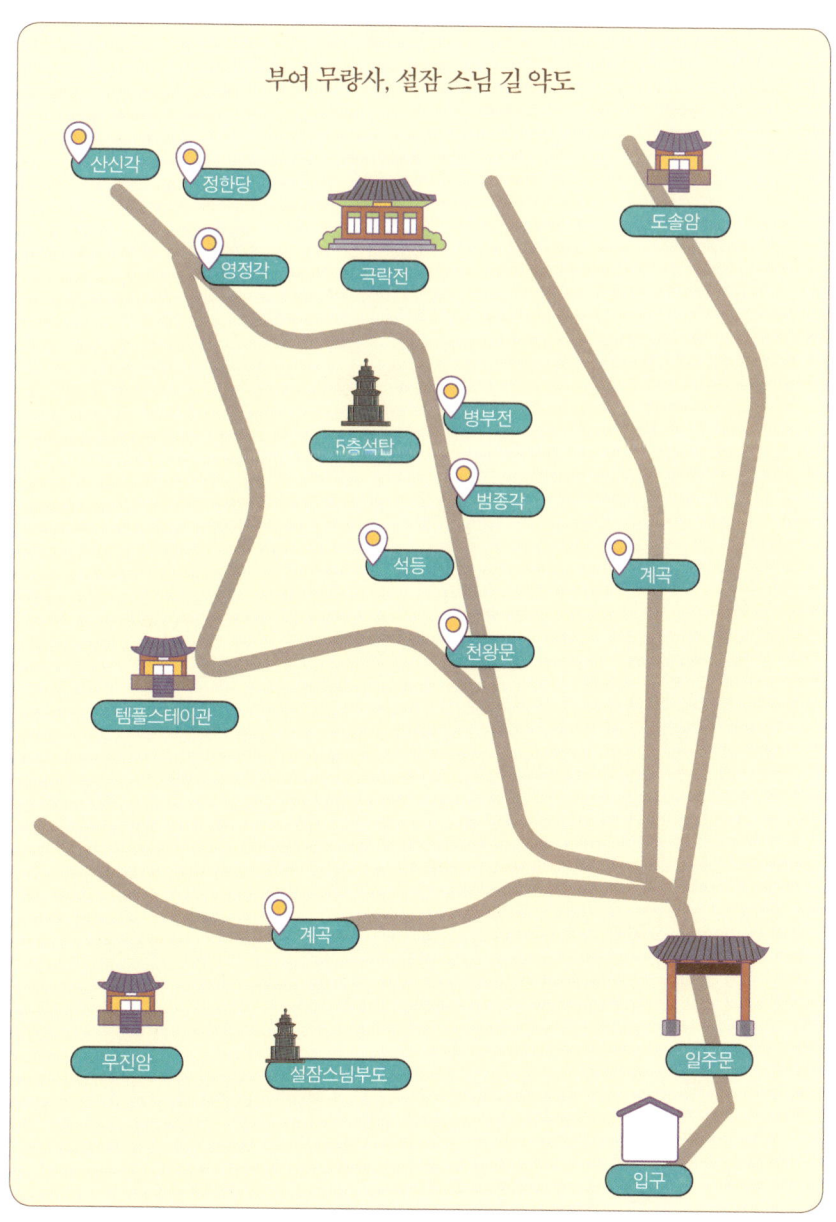

04

대구 파계사,
노송(老松)길

태우야, 니 대통령 해봐야
별거 없었제?

일국의 대통령을 역임한
정치지도자에게 이런 말을 던진
선지식의 선기(禪氣)가 느껴진다.
고송 스님이 입적한 뒤 엄수한
다비식 역시 긴 여운을 남겼다.
거창하게 치를 수 있었지만
소나무 가지 몇 개 얹어
거화(擧火)한 게 전부였다.

'노송길'이라 이름을 붙여 본다. 그랬더니 파계사에 오랫동안
주석했던 고송(古松) 스님(1906-2003)이 뇌리를 스친다. 언제나 자
애로운 미소로 대중을 맞아 주던 스님과 노태우 전 대통령과의 인

파계사 일주문

연이 한때 회자하곤 했다. 어린 시절부터 파계사를 오르내렸던 노 전 대통령은 파계사 주지를 오랫동안 역임했던 선사의 방을 자주 드나들었던 모양이다.

노 전 대통령이 임기를 마치고 찾아간 파계사에서 고송 스님은 의미심장한 말을 던졌다고 한다. 푸르름 자체다. 대구 팔공산 파계사(把溪寺)에 들어 사방을 둘러봐도. 짙푸름에 묻혀 사는 자체가 '행복한 수행'으로 느껴진다. 출가자의 특권 같은 산사 생활. 자연의 품에 묻혀 자기를 돌아보며 살아가는 삶. 세속인은 늘 동경하지 않던가. 숲 중에서도 고목, 특히 소나무(老松)가 있는 곳의 솔향은 정신을 살찌게 하는 묘약처럼 느껴진다.

"태우야, 니 대통령 해 봐야 별 것 없었제?"

일국의 대통령을 역임한 정치지도자에게 이런 말을 던질 수 있는 선지식의 선기(禪氣)가 느껴진다. 고송 스님이 입적한 뒤 엄수한 다비식 역시 긴 여운을 남겼다. 여느 고승들의 다비식처럼 거창

아홉개의 물줄기가 모여 만들어진 연못.

통일을 원한다는 의미의 통일원교 다리.

사찰 언덕의 오솔길 소나무숲.   파계사 소나무숲.

하게 치를 수 있었지만, 소나무 가지 몇 개 없어 거화(擧火)한 게 전부였다. 신중에 실다가 간 선사의 검박했던 면모가 열반 후에도 진하게 배어 나오는 장면이었다.

고송 스님과 더불어 생각나는 한 명은 철웅 스님(1933-2011) 이다. 스님은 파계사 산내 암자인 성전암에서 정진하며 세상을 향해 사자후를 토해낸 인물이다. 성철 스님이 동구불출 하며 기도했던 수행처로도 유명하다. 철웅 스님은 90년대 중반 세상을 떠들썩하게 만들 정도로 의미 있는 법문을 파계사에서 하기도 했다. 스님의 유지는 제자인 하남 성불사 학명 스님이 자비행으로 잇다가 몇 년 전 입적했다.

이 모든 사자후(獅子吼)가 노송길에서 정진하며 일궈낸 결과물이 아닌가 싶다. 지금도 파계사 산내 암자인 대비암에는 조계종 원로회의 의장을 역임했고 지금은 명예 원로의원인 도원 스님이 주석하고 있다. 일개 산문에 한 명의 선지식도 나오기 어려운데 파계사에는 당대에만 3명이나 배출했다. 이전에는 만공, 혜월 스님과 근자에는 성철 스님까지 이곳에서 정진했으니 가히 이름난 수행

파계사 중심 전각인 원통전

처로의 명성은 누구나 인정할 수밖에 없는 듯하다.

파계사(把溪寺)는 통일신라 때 창건된 천년고찰이다. 사찰명 자체만 보더라도 계곡과 관계가 깊다. 여러 계곡(溪)이 사찰로 모였다가 흩어진다. 파(把)라는 글자가 '잡다'라는 뜻이 있으니 여러 계곡을 한곳에 잡아 둔 곳에 사찰을 창건한 듯하다.

물은 신화적인 의미에서 풍요와 다산(多産)의 뜻을 함유하고 있기도 하다. 그래서인지 파계사는 조선 시대 영조 임금의 출생 설화도 전해진다. 파계사를 중창한 현응 스님은 조선 숙종임금의 부탁을 받고 농산 스님과 함께 원통전에서 100일 기도를 해 숙빈 최 씨가 영조 임금을 탄생시킨다. 1979년 원통전 관음보살상에서 영조 임금의 도포가 나온 것은 이 설화가 사실임을 증명하고 있다.

물이 흔한 사찰답게 경내 주차장에는 초여름 가뭄이 한창인데도 두 개의 파이프에서 감로수가 철철 넘친다. 경내를 돌아본 후 산내 암자인 대비암과 성전암을 돌아보기로 한다. 지장전을 지나 산길에 접어든다.

널찍한 도로를 굽이 돌아 오른다. 대비암이 보이고 텃밭에 감자와 상추 오이 토마토 등 푸성귀들이 자라고 있다. 그 옆에 수백 년은 됐을 법한 신갈나무 고목이 떡하니 서 있다. 오랜 가뭄으로 밭은 메말라 목이 타는 듯 물을 기다리고 있다. 밭 중앙에 설치해 놓은 스프링클러가 농작물을 구원해 주는 미륵부처님으로 보인다.

대비암을 지나 성전암으로 오르다 보니 자동차 도로가 끝난다. 여기서부터는 산길이다. 헐떡이는 숨을 고르며 산을 오른다. 차오르는 숨이 목구멍에 걸린다. 등산로에 드러낸 소나무 뿌리 같은 갈애(渴愛)가 솟구친다. 참고 참는 인욕보살(忍辱菩薩)의 마음으로 한 걸음, 한 걸음 오른다. 오로지 성전(聖殿)에 이르겠다는 일념(一念)만 뇌리에 가득 담고, 한참을 오르니 '영남 제일 선도량(嶺南第一 禪道場)'이란 편액이 뚜렷한 성전암 불이문에 이른다.

이마에 흘러내린 땀을 훔치고 약수를 한 모금 들이킨다. 오후 6시가 넘었다. 뉘엿뉘엿 해가 서산으로 향한다. 성전암에서 서산은 멀리 대구 시내를 건너 성서 와룡산 쪽이다. 대구 시내에서 하나둘 밝혀지는 불빛이 어느 별에서 지구를 바라보는 것 같다.

성전암 현응선원에 붙여놓은 인도 수행자 스와미 묵타난다(Swami Muktananda, 1908-1982)의 글귀가 눈에 들어온다.

"고뇌하는 너의 가슴속에만 진리가 있다고 생각하지 마라. 모든 마당과 모든 숲, 모든 집 속에서 그리고 모든 사람 속에서 진리를 볼 수 있어야 한다. 목적지에서 모든 여행길에서 모든 순례길에서 진리를 볼 수 있어야 한다."

암자에서 바라보는 대구 시내의 불빛이 더욱 명멸(明滅)을 거듭한다.

늦었다. 하산해야겠다.

정조임금이 심었다고 전하는 느티나무.

◆ TIP 걷기 명상 안내 ◆

팔공산 동쪽 가파른 계곡에 자리한 파계사는 사찰 입구 일주문에서부터 걸을 수 있다. 계곡이 가팔라 올라갈 때 힘 좀 써야 한다. 자동차가 있어 편하게 파계사로 향할 수 있지만, 파계사의 정취를 느껴보려면 일주문에서 걸어가기를 권한다.

숨이 저절로 차오르면서 일주문을 지나 오르다 보면 좌측에 인공 연못이 보인다. 아마도 농업용수로 쓰거나 계곡의 홍수를 막기 위해 조성한 듯하다. 고여 있는 물이 파계사의 넉넉한 정취와 어울린다. 파계사 전각은 구릉형 산지가람의 좁은 공간에 자리하고 있다. 터를 닦은 널찍한 공간에 심어 놓은 느티나무가 천년 고목이 됐다. 사찰의 역사를 말해 준다.

파계사만 보면 싱거울 정도로 경내를 돌아보는 시간은 짧다. 이왕 시간을 내어 파계사 산내 암자인 대비암과 성전암까지 걸어서 돌아본다면 넉넉한 걷기 명상을 할 수 있다.

산을 오르면 한숨 들이쉬고, 자기를 살펴보자. 한숨 들이쉬면서 자기를 살펴보자. 잠깐 숨을 멈추고 잠시 행동을 하는 나를 알아차려 보자. 천년 숲길에 떡하니 버티고 있는 듬직한 나무를 껴안아도 보라. 소나무, 신갈나무, 상수리나무가 즐비한 파계사. 그중에서 나이 든 소나무가 으뜸이다. 혹여 종무소를 지나다가 스님을 만나거든 공손히 합장 인사를 건네시라. 지대방(절의 큰방 머리에 있는 작은 방)으로 안내해 언 듯 맛있는 차 한잔을 내어 주실 수도 있으니 말이다.

파계사 부도전.

백범 명상길에서 만난 거대한 상수리나무.
백범 선생이 스님 생활을 하고 있을 때도 이 자리를 지키며 스님을 맞이했을 것으로 보인다.

05

공주 마곡사, 백범 명상길

나라 걱정하며 걷는 길에
솔바람이 인다

 영은교를 지나 군왕대로 가는 길목의 소나무 숲. 백범 선생의 독야청청한 기상을 닮은 듯 사시사철 푸르름이 유지되고 있다. 선생의 독립 의지가 서늘하게 느껴진다.

 사위는 고요하다. 장마가 오락가락하는 공주 마곡사 백범 명상길. 군왕대로 향하는 길은 산새의 지저귐도 잠시 멈춰 있다. '명상길 초입 쉼터'라는 간판이 눈에 띈다.
 "가지를 잡고 나무를 오르는 일은 기이한 일이 아니나, 벼랑에 매달려 잡은 손을 놓는 것이 가히 장부로다."
 백범 김구 선생(1876-1949)이 1896년 3월 황해도 안악 치하포에서 명성황후 시해에 가담한 쓰시다를 살해하기 전에 다짐하며 곱씹은 말이다.

군왕대 오르는 솔숲길. 　　　　　　　상수리 나무 숲길

    수행자가 깨달음을 얻기 위해 백척간두에서 진일보(百尺竿頭 進一步)하는 마음과 흡사하다. 사고의 발상을 통해 조국과 민족을 위한 대업을 이루려는 독립투사의 결연한 의지가 엿보인다. 백범 선생은 기어이 쓰시다를 죽인 후, 그해 10월 사형선고를 받고 감옥으로 간다. 하지만 2년 후인 1898년 3월 탈옥을 감행한다.

    큰일을 하기 위해서는 소소한 일들은 내려놓아야 하는 법. 백범 선생은 이러한 백척간두 진일보의 마음으로 구국을 위해 자신을 던졌다. 그 후 전국을 떠돌다가 마곡사에서 출가수행자가 된다. '원종 스님'이라는 법명을 받은 백범 선생은 산내 암자인 백련암에 기거하며 오매불망 조국의 독립을 위해 백척간두 진일보의 간절함을 마음에 새기고 또 새겼으리라.

    마곡사는 몇 해 전부터 '백범 명상길'을 개설해 일반인에게 개방하고 있다. 마곡사 입구에 명상길을 안내하는 나무 표석이 눈에 잘 들어온다. 명상길 1코스와 2코스, 3코스(전 구간)가 엇갈린 방향

마곡사로 들어오는 입구인 극락교. 백범 선생은 원종 스님으로 이 다리를 건너 마곡사의 주 법당인 대광보전과 대웅보전을 드나들며 불제자의 삶을 살았다.

으로 표시되어 있다. 백범 선생은 독립운동가로 널리 알려졌지만 한때는 출가수행자의 길을 갔던 원종 스님으로 마곡사에 주석했다. 그 인연으로 마곡사에서는 추모 다례재도 봉행하고 있다.

명상길의 첫 발길은 마곡사 대웅전이다. 백범 선생은 조국 광복 후 이곳 마곡사를 다시 찾기도 했다. 대광보전에서 여러 애국지사와 찍은 사진도 기록으로 남아 있다. 역사적 의미가 깊이 담겨 있는 것은 대광보전을 바라보는 좌측에 서 있는 향나무 한 그루다. 백범 선생은 해방 후, 마곡사에 와서 대광보전 주련에 새겨져 있는 "각래관세관 유여몽중사(却來觀世間 猶如夢中事, 돌아와 세상을 보니 모든 일이 꿈만 같구나)"라는 주련을 보고 감개무량해 스님 생활 중에 조국독립을 위해 노심초사했던 일을 생각하며 향나무 한그루를 심었다. 70여 년이 훌쩍 지난 지금은 훌륭한 성인 목이 되어 마곡사 앞마당 한편을 지키고 있다.

향나무 좌측에는 백범당이 조성돼 있다. 백범 선생이 출가했던 장소로 알려진 이곳은 원래 건물이 없었으나 역사적인 고증을 거쳐 조성했다. 마곡사에 은거했던 짧은 출가수행 기간이었지만 백범 선생이 남긴 발자취는 여러 곳에 남아 있다.

명상길 1코스에 접어든다. 대광보전 뒷길에 연결된 능선. 길은

대웅보전 전경으로 전각이 중층 다포계 팔작지붕으로 조성돼 있다.

덥고 습한 기운을 잔뜩 품고 있다. 삭발 바위 안내판이 나온다. 백범 선생이 이곳에서 삭발했다고 한다. 탈옥 후 전국의 사찰을 다니며 은거하다가 마곡사에 몸을 의탁했다. 마곡사의 지정학적 위치가 우선 은거하기 좋았기 때문으로 추정된다. 상투가 잘려나갈 때 기분을 '백범일지'는 다음과 같이 기록하고 있다.

"사제 호덕삼이 머리털을 깎는 칼(削刀)을 가지고 왔다. 냇가로 나가 삭발 진언을 쏭알쏭알하더니 내 상투가 모래 위로 떨어졌다. 이미 결심을 하였지만, 머리털과 같이 눈물이 뚝 떨어졌다."

출가수행자가 된 백범 선생은 산내암자인 백련암에 기거하며 경전을 배우며 부처님의 제자가 된다. 이 기간을 혹자는 독립운동을 하는 과정에서 은거하기 위한 수단으로 출가수행자가 되었다고 한다. 하지만 은거만을 위해서라면 고된 수행의 길을 걸어야 하는 스님이 될 필요가 있었을까. 오랜 피신 생활을 위한 방편으로 스님의 길을 택할 수도 있었지만, 백범 선생이 평소에 가졌던 불교에 대한 호감도 한몫했으리라 생각 한다.

삭발바위를 지나 계곡을 오른다. 능선을 따라가던 길이 끝나고 나무다리로 연결된 대로를 만난다. 여기에서 곧장 가면 영은교를 지나 전통문화연수원에 이른다. 연수원이 바라다보이는 곳에 돌아와 영은교 좌측으로 이어진 오솔길에 접어든다. 군왕대로 이어지는 명상길 1코스다.

한참을 걸어 올라도 군왕대는 보이지 않는다. 토굴암을 지나 산등성이를 돌고, 산능선을 타며 한참 내려온 뒤에야 군왕대를 만날 수 있었다. 간간이 거대한 활엽수가 자라고 있다. 산 중턱과 능선에는 백범 선생이 활동할 시기에도 그 자리를 지켰을 아름드리 소나무가 빽빽하다. 철갑을 두른 듯 늠름한 모습으로 사시사철 푸르름을 간직하고 있다. 나라를 잃은 애국지사들이 온몸을 불살라 이루려 했던 독립을 염원했던 결기를 닮았다. 수령이 몇백 년은 될 법한 상수리나무 아래에 선다. 백범 선생이 이 오솔길을 오르며 만났을 법한 나무다. 후드득 떨어지는 상수리 열매를 주우며 나라 잃은 설움의 눈물을 흘렸을지도 모른다.

군왕대에 이르니 온몸에 땀이 흥건하다. 풍수지리를 몰라도 천하의 명당임이 느껴진다. 군왕이 날 자리라고 하여 수많은 이가 조상의 무덤을 조성했지만 조선 말기에 나라가 어지러워지는 것을 막기 위해 암매장한 유골을 모두 파내고 돌을 채웠다고 한다. 아무리 명당자리라도 인간의 과도한 욕심으로 그 누구의 자리도 되지 않고 비어 있는 것을 보니 아이러니한 생각이 든다.

명상길 2코스를 오른다. 이 길은 마곡사에서 영은암, 은적암을 거쳐 백련암에 이르는 길이다. 백련암에서 활인봉을 오르는 길도 있지만, 이번에는 백련암에서 멈춘다. 천연송림욕장과 은적암으로 이르는 길은 자동차 길이다. 은적암에서 백련암에 이르는 길은 오솔길이다. 백련암 주지 스님은 "이 길이 진짜로 백범 선생이 다니셨던 길입니다. 왜냐하면, 원종 스님으로 이곳에 주석했기 때문"이라고 강조한다.

백범 명상길을 둘러보니 아쉬운 점이 있다. 그냥 백범 명상길만 걷는 것만으로는 백범 선생의 참모습을 알 수가 없다. 이왕 백범 명상길이 만들어져 있다면 백범 선생이 활동했던 상해 임시정부 같은 건물을 재현해서 백범 선생의 온전한 독립정신을 후손들에게 알리는 교육공간으로 활용했으면 하는 바람이다.

백범당(위)과 백련암(아래).

◆ TIP 걷기 명상 안내 ◆

마곡사 백범 명상길은 2개의 코스로 이루어져 있다. 하나는 마곡사 개울을 건너 군왕대를 돌아 마곡사로 오는 길로 소요 시간은 40분에서 1시간가량이다. 개울을 따라 올라가다가 산길을 타고 소나무 숲길을 걷는 명상길은 여느 산행과 다를 바는 없다. 그렇지만 이 길은 백범 선생이 걸었던 명상길인 만큼 의미를 담고 걸으면 기분이 달라진다. 군왕대를 거쳐 오르는 1코스에는 우리나라 천하의 명당인 군왕대가 있어 유심히 살펴보길 바란다.

백범 명상길 2코스는 마곡사에서 영은암과 은적암을 돌아 백련암에 이르는 암자와 암자를 잇는 숲길이다. 각 암자를 돌아보는 재미도 있지만 가파른 하산길은 조심해야 한다. 천연송림욕장을 둘러보는 것과 마곡사 앞으로 흐르는 계곡물의 운치도 걸으면서 얻는 즐거움이다.

극락교에서 본 마곡사 전경.

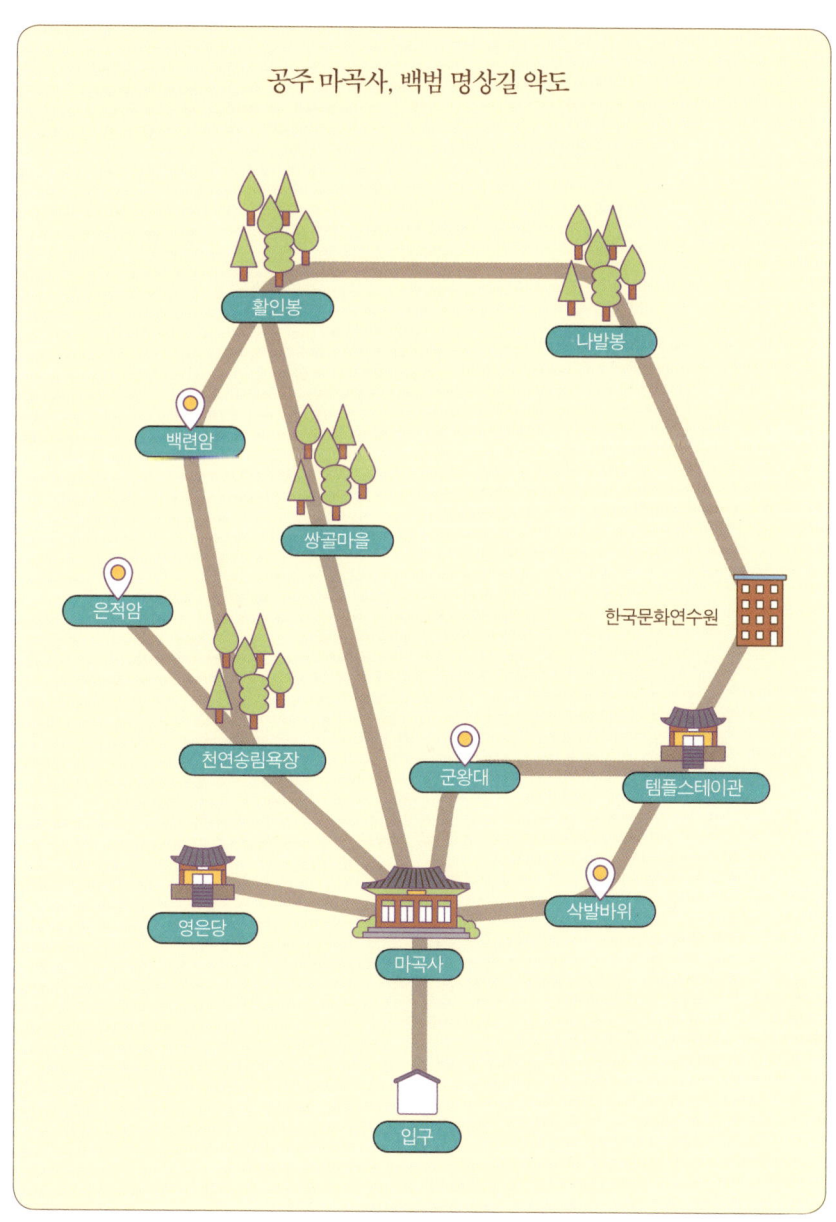

06

김천 직지사, 직지숲길

"아름드리 갈참나무야! 내 마음이 바로 보이니?"

김천 직지사는 중창 불사를 하면서
부처님 법문을 듣기 위하여 올라가는 황학루를
약간 비켜 지었다 합니다
하필이면 누각 지을 자리에
못생긴 개살구나무 한그루가 있었는데
그 나무 살리려고 그랬다 합니다.
쓸모없다고 베어내자는 사람 여럿이었으나
주지 스님이 고집을 부려 할 수 없이
비뚜름하게 지었다 합니다.

한여름 날씨라고 하기에도 너무 덥다. 혹서(酷暑)가 절정인 지난 4일 찾은 경북 김천 직지사. 일주문은 습기를 머금은 더위가 기승

일주문에서 대웅전으로 오르는 길. 나무의 수령이 오래된 나무가 즐비한 이 길은 우리나라에서도 손꼽히는 아름다운 길이다.

을 부리고 있었다. 포도로 유명한 이 지역의 농가에는 더위를 반기는 듯 주렁주렁 열린 거봉이 탐스럽게 익었다.

'사람들이 이렇게 더위에 괴로워하고 있을 때도 포도는 익어가고 있구나.'

사람이 더위로 인해 고통스러워할 때 농작물은 오히려 그 더위를 자양분 삼아 마지막 결실을 보고 있으니 사뭇 비교된다. 이래서 절대적인 그 무엇을 단정한다는 건 모순되는 일이 아니던가.

여름 휴가철이지만 황악산은 조용하다. 과거에는 산으로 계곡을 찾아 나섰던 피서객들이 황악산에 깃들 법하지만, 요즘은 그렇지 않다. 여름 템플스테이를 하는 동참자들이 경내에서 수행 삼매

체험을 하는 인기척만 보일 뿐 도량은 한산하다. 계곡에 발을 담그던 예전 사하촌은 북적거렸지만, 이제는 옛말이다.

"휴가철이지만 사찰을 찾는 방문객은 눈에 띄게 줄었어요."

종무실장님의 근심 어린 말투가 현실을 대변해 주는 듯했다. 사찰을 찾는 방문객도 줄어드는 상황이다 보니 불교계의 대책도 다양하게 연구해야겠다는 생각이 든다. 한적해진 천년고찰이지만 품고 있는 천년 유산은 그대로다. 오히려 잘 정비되었고 보존을 위한 노력을 더 쏟은 듯 단정하다. 아는 만큼 보이고, 느끼는 만큼 감동이 온다고 했던가. 오로지 방문객이 알려고 하고, 느끼려고 하는 의지에 따라 감응이 올 듯하다.

자동차로 일주문을 지나 주차장에 도착해 사찰을 한번 쓱 훑어보면 큰 감동은 없다. 오로지 두 발로 품을 팔아 구석구석을 세밀하게 돌아봐야 천년고찰이 간직한 깊은 내면을 온몸으로 체험할 수 있다. 숲길 역시 이와 다르지 않을 것이다. 직지사가 창건된 깊은 뜻이 있는 '미음을 바로 본다.'라는 의미를 넣어 '직지숲길'이라

직지사숲길.

성보박물관 뒤 연못.

이름을 붙여본다.

　직지숲길의 시작은 매표소 앞 전각에서부터다. '해동제일가람 황악산문(海東第一伽藍黃嶽山門)'이란 현판이 걸려 있는 이곳은 전체 가람 배치 구조상 일주문에 해당한다. 하지만 직지사 일주문은 따로 있다. 왜? 직지사는 과거의 가람 구조를 살리면서 새롭게 현대식으로 가람불사를 한 사찰이기 때문이다. 직지사는 과거와 현대의 가람 구조가 공존하고 있다. 옛것을 잘 살려놓고 현대에 맞는 실용적인 건물을 불사했다. 불사에 대한 세심함은 홍사성 시인의 '불사'라는 시에서 잘 표현하고 있다.

　　김천 직지사는 중창 불사를 하면서
　　부처님 법문 들을 때 올라가는 황학루를
　　약간 비켜 지었다 합니다
　　하필이면 누각 지을 자리에
　　못생긴 개살구나무 한그루가 있었는데
　　그 나무를 살리려고 그랬다 합니다
　　쓸모없다고 베어내자는 사람이 여럿이었으나
　　주지 스님이 고집을 부려 할 수 없이
　　비뚜름하게 지었다 합니다

　김천 출신의 시인 문태준은 직지사 '불사'라는 시를 이같이 설명하고 있다.
　"낡은 건물을 헐고, 고쳐서 다시 짓는 일이 잦습니다. 그러할 때

직지사 입구 전나무숲길.

이미 존재하고 있던 것들은 터전을 잃기 쉽습니다. 가령 이 시에서의 '못생긴 개살구나무'도 중창 불사를 할 때 베어지기가 쉬웠을 것입니다. 그러나 주지 스님의 고집 덕에 미리 자리를 잡고 살았던 개살구나무는 살림의 근거지를 잃지 않았습니다. 누각을 짓되 오히려 개살구나무를 피해 조금 비뚤게 지었던 것입니다. 개살구나무의 쓰임새야 대단한 것이 없었을 테지만 그 가치를 쓰이는 바에 두지 않았던 것입니다. 다 같이 잘 사는 도리를 찾았던 것입니다."

비단 황학루를 비뚜름하게 지은 것만 아니다. 일주문에서 대웅전에 이르는 전각은 천년고찰이 지어질 때의 모습을 최대한 복원하고 살리는 방향으로 지어졌다. 그 길에 서 있는 나무는 최대한

수로로 계곡물이 흐르는 것이 직지사의 특징이다.

살려놓았다. 건물은 낡아 허물어져 보수하고 복원된 흔적이 보인다. 그 사이에 서 있는 나무는 끈질긴 생명력으로 아름드리 고목이 되어 천년고찰 천년 숲길 위용을 자랑하고 있다. 이런 풍광은 세월이 담보되지 않고는 연출될 수 없는 모습이다.

 잘 가꾸어진 직지숲길의 남다른 특징은 물길이다. 숲길이 나 있는 사이사이에 물길이 나 있다. 계곡에서 물을 끌어들여 사찰 경내 곳곳으로 흐르게 했다. 특별한 이유는 잘 모르겠으나 평지에 세워진 사찰에 물길이 있으면 조경학적으로 멋이 있을 게 분명하다. 여기에 물이 주는 정서적 안정감은 말하지 않아도 알 법하다. 사시사철 물이 마르지 않는 경내의 물길은 요즘 같은 계절에도 더위를

경내에 도 수로를 통해 흐르고 있는 계곡물.

식혀주는 역할을 톡톡히 한다.

경내 곳곳에 서 있는 노거수도 주목할만하다. 매표소 입구에 나 있는 오솔길의 선나무와 소나무, 벚나무는 천년고찰의 면모를 보여주기에 충분하다. 또 일주문을 지나 부도전 옆에 우뚝 서 있는 갈참나무의 수령은 예사롭지 않게 보인다. 몇백 년은 됨 직한 갈참나무는 성인이 안아도 몇 아름은 된다. 그 나무에 은근히 기대어 속삭여 본다.

"아름드리 갈참나무야! 내 마음이 바로 보이니?"

대웅전 옆 등나무 넝쿨도 치렁치렁 몸치장했다. 향적전과 관음전 앞의 단풍나무도 곧 다가올 가을을 준비하고 있다. '맑은 바람 드는 집' 청풍료(직지성보박물관) 뒤편에는 상사화가 꽃대를 쑥 올렸

본당 대웅전

다. 여름이 가고 있다는 간접증거다.

 일주문을 지나 오르는 길에 사찰을 찾은 5명의 일가족을 만났다. 밀양에서 왔다고 했다. 모처럼 만나는 가족이라 사진을 찍고 초상권에 대한 양해를 구했다.

 "얼굴 찍히는 거요? 영광이죠. 뭐."

 흔쾌히 답하는 아이 엄마의 맑은 목소리 사이로 황악산 산그늘이 내린다.

◆ TIP 걷기 명상 안내 ◆

직지사 직지숲길은 직지사를 둘러보는 것과 같이 보면 된다. 사찰 입구 오솔길에서부터 황학산 계곡을 건너 직지사 일주문에 이르면서 걷기 명상을 시작할 수 있다. 직지사 대웅전을 중심으로는 옛날 직지사의 모습을 온전히 느낄 수 있다. 고즈넉한 숲길과 계곡물을 끌어들여 흐르게 한 조경을 유심히 살피며 걸어보시길 바란다.

또 다른 걷기 코스는 만덕전을 중심으로 한 새로 불사한 영역이다. 이곳은 스님들과 불자들이 생활하며 신행 공간으로 활용하는 곳이다. 남월료와 설법전 청풍료(박물관)을 거닐며 직지사의 규모를 느낄 수 있다. 이곳보다는 대웅전 뒤쪽으로 향적전과 관음전을 돌아보는 숲길도 잘 조성되어 걷기 명상에 몰입할 수 있다.

직지사 뒤쪽으로 황학산으로 향하는 길목을 둘러보면 명적암, 은선암, 운수암, 중암 등 암자와 황학산 정상을 둘러볼 수도 있다.

관음전 옆 식수대.

07

안동 봉정사, 극락숲길

천년 고목 사이 아미타불
미소 벙글어지네

봉정사 일주문

1999년 방한한 영국 여왕의 주문은
"가장 한국적인 건물을 보고 싶다"라는 것이었고
그에 대한 화답으로 봉정사가 선택됐다.
국내 최고(最古)의 목조건물인
극락전이 있는 사찰이기 때문이 아닌가 싶다.
여왕은 만세루에 올라 법고를 둘러보며
연신 "원더풀!"이라는 탄성을 쏟아냈다.
몰록 생각이 들었던 글귀는
"가장 한국적인 것이 가장 세계적인 것"이었다.

오래된 것은 남루하고
닳아 허름해지기도 한다.
하지만 남루함과 허름함 속에 담고 있는
소중한 정신과 역사적 경험의 무형유산은
금은보화보다도 더 소중하다.

해가 천등산 봉정사 어깨에 기댄다. 늦여름 더위가 기승을 부린 뒤 내려오는 산바람이 제법 서늘해진다. 천등산은 원래 대망산으로 불리었다. 신라 문무왕 이전의 일이다. 의상 스님의 제자인 능인 스님이 대망산 바위굴에서 수행하던 중 천상의 선녀가 하늘에서 등불을 내려 굴 안을 환히 비추었다.

그 인연으로 이 바위굴은 천등굴로 불렸고, 대망산도 천등산(天燈山)으로 불렸다. 수행을 열심히 한 능인 스님의 도력은 나날이 커

매표소에서 일주문에 이르는 소나무 숲길.

대웅전에서 바라다본 만세루 모습. 영국 여왕이 방문해 둘러본 건물이다.

져 종이 봉황을 접어 날리니 봉황이 머물렀다. 문무왕 12년(672)에 산문을 열어 봉황(鳳)이 머무르는 정자(停)라는 의미를 담아 봉정사로 이름 지었다.

봉황이 깃들 법한 봉정사 입구는 어른 몸통만 한 소나무가 군락을 이루며 방문객을 외호하고 있다. 일주문 사이로 보이는 녹음은 연한 단풍 기운을 머금고 있다. 이제 곧 천등산 곳곳에 노란 국화꽃이 앞다퉈 피어나며 가을이 왔음을 알리리라.

일주문 옆으로는 등산길이 나 있다. 한여름에도 많은 방문객이 이 길을 오르내린 흔적이 역력하다. 사람은 숲에 안기고 숲은 사람의 아픔을 치유해 준다. 숲과 사람은 지구가 인류가 태어날 때부터 함께 한 운명공동체였기에 함께 하는 모습은 자연스럽다.

봉정사에 대한 추억이 새록새록 하다. 기자 6년 차였던 1999년 4월 21일로 기억한다. 당시 영국 여왕인 엘리자베스 2세가 안동 하회마을과 봉정사를 방문한다는 소식을 듣고 늦게나마 취재를 하기 위해 안동에 급파됐다.

이미 국가원수급 경호가 되어 있는 봉정사에 들어갈 방법이 없었다. 특급경호가 있게 되면 언론사는 공동취재단을 꾸려 사진기자와 펜 기자(취재기자) 소수가 근접 취재를 할 수 있다. 우여곡절 끝에 조계종 기관지라는 특혜 아닌 특혜를 받아 만세루 옆에서 이동권 없이 '말뚝(제 자리에 서 있는 것)' 취재권을 얻었다.

당시 영국 여왕의 주문은 "가장 한국적인 건물을 보고 싶다"라는 것이었고 그에 대한 화답으로 봉정사가 선택됐다. 국내 최고(最古)의 목조건물인 극락전이 있는 사찰이기 때문에 당연한 게 아닌가 싶다. 여왕은 만세루에 올라 법고를 둘러보며 연신 "원더풀!"이라는 탄성을 쏟아냈다. 몰록 생각이 들었던 글귀는 "역시 가장 한국적인 것이 가장 세계적이구나"였다. 우리 것에 대한 인식이 서구문명에 의해 쇠락해지고, 젊은이들이 국적도 없는 외세문화에 물들어 있는 현 세태에 깊이 성찰을 해 보아야 할 대목이기도 하다.

오래된 것은 남루해지기도 하고 닳아 허름해지기도 한다. 하지만 남루함과 허름함 속에 담고 있는 소중한 정신과 역사적 경험의 무형유산은 금은보화보다도 더 소중하다. 그것을 찾아내 계승해야 오랜 역사를 가진 지혜로운 민족이라 할 수 있을 것이다. 영국 여왕이 슬쩍 다녀간 행사가 많은 시사점과 긴 여운을 남겼다.

일주문을 지나 언덕길을 오른다. 널찍한 공간에 대형주차장이 마련돼 있고 경내를 안내하는 전각이 서 있다. 천년고찰답게 입구부터 보호수인 소나무가 고개 숙이듯 서서 방문객을 맞이한다. 안동 사투리로 "객지에 계시다가 인제 오니껴? 고생하셨니더."하고 인사를 하는 듯하다.

우측 '영산암'이라는 안내판을 뒤로하고 좌측 대웅전으로 향한다. 국가문화유산 국보로 지정돼 보호하고 있는 봉정사의 중심건물인 대웅전은 흔치 않은 건물이다. 현존하는 다포계(多包系) 건축물로는 가장 오래된 건물로 추정된다. 1962년 건물 일부를 해체하여 수리할 당시 발견된 묵서명(墨書銘)으로 볼 때 조선 초기의 건물로 추정한다. 조선 초기의 건축양식을 잘 보여주고 있다는 의미에서 2009년 보물에서 국보 제311호로 승격됐다.

대웅전에는 조선 시대 억불(抑佛) 흔적도 있었다. 1990년대 말

영화촬영지로 유명한 영산암 내부 풍경.

벽체를 보수하는 과정에 뜯어낸 자리에 민화를 그린 흔적이 발견되기도 했다. 유림의 횡포가 사찰에 끼친 증거다. 불교를 업신여겨 스님을 홀대하던 시기에 일어났을 법한 일이다. 오랜 역사를 가진 건물이기에 탱화를 보존하기 위해 걷어낸 자리에서 후불벽화가 발견되기도 했다. 국보급 건물로 보존되어야 할 마땅한 이유를 전각이 스스로 증명한 셈이다. 필자는 여기에 관한 기사를 써서 한국불교 기자협회가 주는 기획 보도 부문 상을 받았던 기억이 새롭다.

대웅전 앞은 여느 사찰과 다르게 툇마루가 깔려 있어 정감이 간다. 출입도 툇마루를 거쳐야 한다. 부처님께 삼배를 올리고 밖을 보니 만세루와 어우러진 천등산 전경이 일품이다.

대웅전을 나와 종무소로 사용하고 있는 화엄 강당을 돌아서면

극락전

　국내에서 가장 오래된 건물인 극락전이다. 작고 아담하게 '부끄러워 숨어있는 듯' 자리하고 있다. 국보 제15호로 보존되고 있다. 말끔하게 보수를 해서 오래된 건물 같지 않다. 하지만 극락전 앞에 서 보니 간결하고 단아한 모습에서 '오래된 과거'의 모습이 서린다.
　극락전 오른쪽에는 요사로 사용하는 고금당이 있다. 역시 극락전과 크기가 비슷해 아담하다. 고금당 뒤편 언덕에 삼성각이 앉아 있다. 오르는 길은 고불고불한 오솔길. 사람 한 명 들어갈 정도로 앙증맞다.
　굽어 오르는 길 위에 천년은 족히 되어 보이는 느티나무가 떡하니 버티고 있다. 몇 아름은 족히 넘을 크기가 나이를 짐작하게 한다. 느티나무 사이로 고금당 뒤편 기왓골이 늘어져 있다. 그 앞에 극락전이 눈에 들어온다. 저녁 햇살이 서녘으로 기울며 긴 그림자를 늘어뜨린다. 대웅전 벽을 비추고 극락전 현판을 비추니 명암이 또렷하게 눈에 들어온다. 극락전 안 아미타부처님이 앞마당 석탑에 비스듬히 몸을 숨기며 수줍게 미소 짓는다.
　'오랜 세월 지켜 온 비결이 수줍음과 은둔과 하심(下心)이었던가?'

뉘엿뉘엿 해가 기운다. 회향하는 발길을 서두르며 극락전 앞마당을 지나다가 만세루 앞에서 발길이 멈춰진다. 예전 엘리자베스 여왕을 취재하기 위해 섰던 자리다. 곱게 늙은 할머니 이미지가 풍기는 여왕이 미소 지으며 만세루에 올라 법고를 올려다보는 환영(幻影)이 어른거린다. 아래를 내려다보니 만세루 문틈 옆 풀숲에서 꽃무릇 몇 송이가 붉디붉은 꽃대를 올려 여름이 가고 있음을 알린다.

서둘러 영산암을 향한다. 영화 「달마가 서쪽으로 간 까닭은」과 「동승」을 촬영한 곳으로 유명하나. 전형적인 한옥정원을 품었다. 대문을 열어 암자에 들어간 뒤 문을 닫으니 겨울철 추운 앞가슴을 열었다 닫은 듯 훈훈하다.

"달마가 서쪽에 온 까닭은?"이라고 자문하며 답을 구해본다.

"……"

답을 하는 즉시 틀린 답일 터이고, 다 쓸데없는 말장난이라는 생각이 든다.

"이 세상 영원한 진리는 없고, 다만 저 산 소나무는 사철 푸르리라."
"제행은 무상이 터이고, 제법도 무아요, 일체가 개고이니, 열반 적정하여라."라는 붓다의 사성제(四聖諦) 가르침이 스친다.

천등산에 어둠이 내린다. 하늘에서 등불을 내려 수행자의 깨달음을 밝히고, 봉황이 머무르는 상서로운 기운(瑞氣)이 경내에 가득하다. 이곳에 서 있는 인연으로 확실한 가피가 온몸을 감싸는 기분이다.

◆ TIP 걷기 명상 안내 ◆

대웅전 툇마루.

봉정사를 둘러보며 걷는 시간은 30분 남짓 걸린다. 하지만 영산전을 구석구석 돌아본다면 한 시간도 모자란다. 일주문에서부터 걸어보는 것을 권한다. 자동차로 일주문을 지나쳐 들어오면 걷기 명상을 그르칠 수 있다.

울창한 소나무 숲이 일품인 일주문에서 봉정사까지는 경사가 제법 있어 천천히 걸어 올라오면서 들숨과 날숨, 그리고 잠깐 멈춤의 아나빠나사티 명상을 해 보시라. 걸음걸음을 옮기며 숨을 관찰하고 생각을 잠시 멈추는 수행은 잡다한 생각에 빠져 있는 번뇌 망상을 녹이는 데 유용하다. 그래서 유명한 철학자나 학자들은 산책을 즐기지 않았을까 싶다. 수행자도 포행이라는 용어의 산책을 통해 걷기 명상을 했을 것으로 본다.

일주문을 지나 봉정사로 향하는 길은 계단을 통해 만세루를 지나는 방법과 만세루 우측을 지나 대웅전을 돌아보는 방법이 있다. 봉정사 중심 전각인 대웅전과 그 옆의 극락전은 국가문화유산인 국보인 만큼 세밀하게 관찰해보길 권한다. 극락전 옆 고금당 뒤편으로 가면 고목의 느티나무와 삼성각을 둘러볼 수 있다.

다시 대웅전을 지나 나와 정면을 향하면 산내암자인 영산암이라는 한옥정원을 둘러볼 수 있다. 단편영화를 촬영한 곳으로 유명한 영산암은 암자에 심어 놓은 나무가 전각과 조화를 이루고 건물과 주변 환경이 어우러진 조화의 아름다움을 느낄 수 있다.

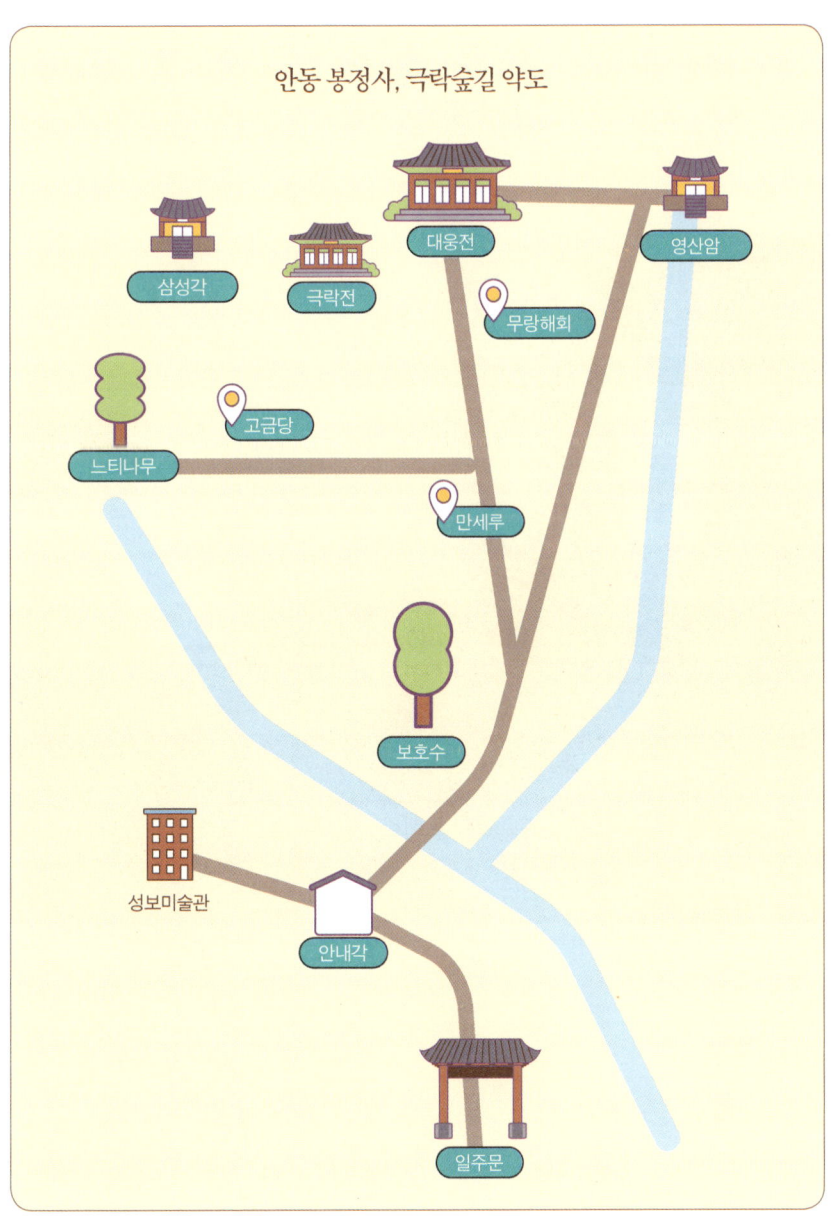

정읍 내장사, 비자나무 숲길 〇─────────────────〇 고창 선운사, 꽃무릇길

3장

비우고
거두기에 좋은
천년사찰 숲길

영주 부석사, 선묘길   의성 고운사, 최치원길

01

정읍 내장사, 비자나무 숲길

단풍터널 지나 돌계단 오르면
'영겁의 숲' 펼쳐지네

내장사는 단풍만 유명한 게 아니다.
이곳에 천혜의 비자나무 숲이
있다는 사실을 아는 이는 드물다.
주목과에 속하는 비자나무가
내장산에 군락을 이루고 있는 사실도
이례적이고, 주로 남부지방 바닷가에서
자라지만 내륙인 내장산에
고목으로 자란다는 사실도 경이롭다.

녹음이 지천이다. 곧 초록이 지쳐 단풍이 들겠지만. 9월 말 내장산은 초록 터널을 이루고 있었다. 전국 제일의 단풍경관을 자랑하는 내장산 내장사. 해동 제일의 명승지요, 영험 있는 관음도량

내장사 일주문.

이다.

　내장사 하면 으레 단풍을 보러 오는 사찰로 알려져 있다. 전국 최고의 경관으로 내장산 내장사를 손꼽는 데 주저하는 이가 없다. '내장사는 단풍철 한 달로 1년을 산다.'라는 말이 나올 정도다. 하지만 내장사는 단풍만 유명한 게 아니다. 이곳에 천혜의 비자나무 숲이 있다는 사실을 아는 이는 드물다. 주목과에 속하는 비자나무가 내장산에 군락을 이루고 있는 사실도 이례적이고, 주로 남부지방 바닷가에서 자라지만 내륙인 내장산에 고목으로 자란다는 사실도 경이롭다.

　내장사 비자나무 숲 인근의 백양사 비자나무 숲은 천연기념물 제153호로 지정돼 보호를 받고 있다. 1962년 지정될 당시는 비자

내장사 산내 암자인
원적암 일대에
형성돼 있는
비자나무 숲

나무가 자라는 가장 북쪽에 있는 숲이라고 해서 그 가치를 인정받았다. 하지만 이 지역보다 더 북쪽에 있는 내장산에서도 비자나무 숲이 발견돼 함께 보존할 가치가 충분히 있어 보인다.

비자나무가 어떤 나무인지 궁금해 포털 사이트를 검색해 보았다. "주목과 늘 푸른 바늘잎 큰키나무로 25m 정도로 곧게 자란다. 길고 곧은 가지가 비스듬히 뻗어 위쪽이 타원형이 된다. 남부지방 바닷가의 산 80~100m 고지에 주로 서식한다. 잎이 딱딱하고 잘 찔린다. 길이 2.5cm 정도의 잎이 가지에 조금 비뚤비뚤한 2줄로 마주 달려 깃털 모양이 된다. 끝이 뾰족한 납작 바늘 모양이며 만져 보면 딱딱하고 질기며 잘 찔린다. 앞면은 평평하여 잎맥이 보이지 않는다. 뒷면은 갈색을 띠며 노란 흰색의 숨구멍 2줄이 나란히 있다. 돋은 지 6~7년이 되면 떨어진다. 겨울에도 푸르다."

겨울에도 푸른 비자나무는 약용으로도 쓰인다. 가을에 채취하여 햇볕에 말려서 쓰거나 생것을 쓴다. 급히 먹고 체한 데, 마른기

비자나무 숲길 초입.

침, 가래, 여성 질환, 변비에 물에 달여 마신다. 이 신비한 비자나무 숲을 보기 위해 이른 단풍철에 내장산 내장사로 향했다. 내장산이라고 하지만 내장사를 중심으로 숲이 형성돼 있어 산에 간다기보다는 사찰로 간다는 표현이 옳다.

내장사로 가는 길은 단풍나무가 먼저 손님을 반긴다. 여느 사찰보다 단풍나무의 규모부터 다르다. 매표소(탐방안내소)를 들어오는 입구부터 단풍나무 터널이다. 도로 양측에 나무가 자라 하늘을 덮어 버리는 숲터널은 천년고찰의 숲길에서나 볼 수 있는 풍경이다. 매표소를 지나도 단풍나무 터널은 이어진다. 단풍나무의 수령이 있어야 가능하다. 붉게 단풍이 물들었을 때는 아름다움이 몇 배는 될 듯하다. '이래서 전국 제일의 단풍사찰이구나' 하는 생각이 저절로 든다.

단풍철이 아닌데도 숲길을 방문한 사람들이 제법 보인다. 평일이지만 숲길에 들어 숲과 함께 숨 쉬는 인적이 여기저기에 있다.

'날개가 돋아 하늘로 올랐다'라는 전설이 전하는 내장사 우화루.

어떤 사람은 아예 운동복을 입고 달리기를 하기도 한다. 숲이 주는 혜택을 온몸으로 느끼고 있다.

한참을 들어오니 좌측에 우화정(羽化亭)이라는 정자가 있다. 정자가 너무도 아름다워 '날개가 돋아 승천했다'라는 전설이 내려오는 우화정이다. 아름다운 이름에 걸맞지 않게 콘크리트 건물로 지어져 있었으나 2016년 전통 한옥식 건물로 재건축되어 어느 정도 명성을 되찾았다. 사시사철 아름다운 풍경을 연출하는 우화정에 단풍이 들면 '단풍이 꽃비처럼 내리는' '우화정(雨花亭)'이 될 것 같다.

시야에 일주문이 들어온다. 일주문 너머에는 단풍사찰답게 단풍나무가 늘어서 있다. 일주문 양쪽에 걸린 주련도 예사롭지 않다.

歷千劫而不古 (역천겁이불고)
亘萬歲而長今 (긍만세이장금)

조선 시대에 함허·득통 선사가 저술한 〈금강경오가해설의(金剛經五家解說誼)〉 서문에 있는 문구를 강암 송성용(1913-1999) 선생이 써서 새긴 것이라 한다.

"영겁의 과거도 지난 일이 아니며, 만세의 미래도 항상 지금이다."라는 뜻으로 '깨달은 이가 체험하는 시공을 초월한 인식을 말한다.'라고 하나 깨달음의 세계를 모르는 아둔한 중생이 이해하기는 힘들다. 하지만 거대한 숲에 들어와 넓어지는 마음은 시공을 초월한 깨달음의 경지와 비슷한 게 아닌가 하는 생각이 든다.

어디를 돌아봐도 초록 세상인 내장사 경내에 접어든다. 천왕문을 지나 정혜루에 인기척이 느껴진다. 정혜루 난간에 기대어 내장사를 올려다본다. 몇 년 전 화재로 전소됐던 대웅전이 복원돼 이제 그 아픔은 치유된 것 같다. 아픔은 치유하기 위해 존재하는 걸까? 시간이라는 묘약에 의해서 말이다. 그 시간에 들어간 뭇 사람들의 정성도 생각하고 배려해야 하겠다.

본격적으로 비자나무 숲을 찾아간다. 원적암으로 향하는 계곡에 접어든다. 산그늘이 깊어 오후 5시에도 어둠이 찾아온다. 발길을 재촉해 산을 오르니 다시 햇볕이 스며든다. 함께 간 내장사 스님이 의미심장한 말을 던진다.

"내장산은요, 가을에만 좋은 게 아니에요. 저는 개인적으로 이른 봄 연초록이 산을 물들이는 시기가 더 좋더라고요."

세속인들이 남들이 좋다고 하는 가을철에만 한꺼번에 밀려오는 내장산의 아름다움을 스님 혼자서 만끽하기에는 아쉽다는 표현을 에둘러 하고 있었다.

"산이 좋으면 사시사철 좋은 게 아닌가 싶네요"라고 답하니 일주문 주련의 글귀(歷千劫而不古 亘萬歲而長今)가 뇌리에 스친다.

원적암 계곡에는 물 흘러가는 소리가 요란하다. 며칠 전 비가 왔다고 한다. 계곡이 얕아 물 흐르는 소리를 들을 수 있는 시기가 많지 않다고 하니 행운이다.

원적암 방향으로 가파른 돌계단을 오르니 떡하니 고목이 앞을 가로막는다. 비자나무다. 몇 아름은 됨직한 고목의 수령을 알기는 어렵지만, 무척 오래된 것만은 확실하다. 백양사 비자나무 숲이 형성된 때는 고려 고종(재위 1213-1259) 때 각진국사(覺眞國師)가 당시 유일한 구충제였던 비자나무 열매로 가까운 마을 사람들을 구하기 위해 절 주변에 심었다고 하니 내장사도 그 무렵이 아닐까. 역으로 계산해 나이가 800여 년은 됨 직하다.

입을 다물지 못할 만큼 감탄이 쏟아진다.

"내장사에 이런 비자나무 숲이 있다는 사실을 아는 사람은 별로 없어요."

동행한 스님이 아름다운 비자나무 숲이 세간에 알려져 무분별하게 노출되는 게 싫은 어투로 말한다. 찾아와도 한꺼번에 오지 말고 철마다 조금씩, 적당히 와서 보고 갈 바라는 마음이 느껴진다.

'이런 산중에 고목의 비자나무가 있다니!'

원적암까지 100여m에 걸쳐 형성된 비자나무 숲은 천연 원시림 같다. 통행에 필요한 최소한의 장치인 방부목 계단이 인공으로 가미돼 있다. 어떤 위치에서 바라보아도 시공을 초월한 감동이 밀려온다. 깨달은 이는 이 느낌을 '법열(法悅)'이라 할 것 같다. 한동안 왔다 갔다 하며 나무와 나무가 어우러진 숲을 보고 느끼고 맛(?)도 본다. 어둠이 원적암 대웅전에 내릴 때까지.

하산길. 동행한 스님에게 진심을 담아 감사의 말을 전했다.

"스님 감사합니다. 혼자 왔으면 이 좋은 숲길을 찾는데 한참 고생했을 거고요. 또 자세하게 돌아볼 수도 없었을 듯해요"

스님은 답하지 않았다. 그저 미소만 지을 뿐….

원적암 입구에 장대하게 서 있는 비자나무

비자나무 숲에 온 수행자.

◆ TIP 걷기 명상 안내 ◆

내장사의 걷기명상은 탐방안내소에서부터 가능하다. 자동차로 지나는 방문객들이 많아 방해되긴 하지만 걸음으로서 얻는 이득이 더 커 보인다. 탐방안내소에 들어오는 길은 차도이기에 주변을 잘 살피면서 걸어야 한다. 탐방안내소에서 오다가 좌측 연못에 세워져 있는 우화루는 사시사철 보는 방향에 따라 다가오는 느낌이 새롭다.

일주문에서부터는 본격적인 숲의 향연을 즐길 수 있다. 곳곳에 울창한 숲이 군락을 이룬다. 특히 단풍나무 등 활엽수도 대웅전을 중심으로 곳곳에 자리하고 있어 사찰 분위기를 고즈넉하게 해 준다. 대웅전 좌측으로 금선폭포로 향하는 숲길도 가 볼 만하다.

이번 걷기 여행은 주 방향은 종무소 옆으로 난 계곡을 따라올라. 원적암에 이르는 곳에 조성된 비자나무 숲길이다. 비교적 도로는 널찍하게 만들어져 있다. 중간 지점에 휴게소가 있고 그 후부터 조금 가파르게 오르는 길에 고목의 비자나무 숲이 형성돼 있다.

일반 방문객들이 찾지 않는 길이라 한적하다. 그저 단풍철 단풍 구경을 할 요량으로 선운사를 찾는다면 그 시간을 택하면 된다. 하지만 비자나무 숲의 비경을 체험하기 위한 걷기 명상을 위한 길이라면 한적한 시간을 내어 조용히 찾아가길 권한다.

어느 계절에 찾아도 넉넉한 비자나무 숲길이다. 겨울철 눈길이나, 여름철 녹음, 연초록 피어나는 봄, 단풍이 어우러진 비자나무 숲길은 내장산이 감춘 비경이다. 내장사에 들르신다면 꼭 비자나무 숲길을 걸으며 흐트러진 마음을 다잡아 보시길….

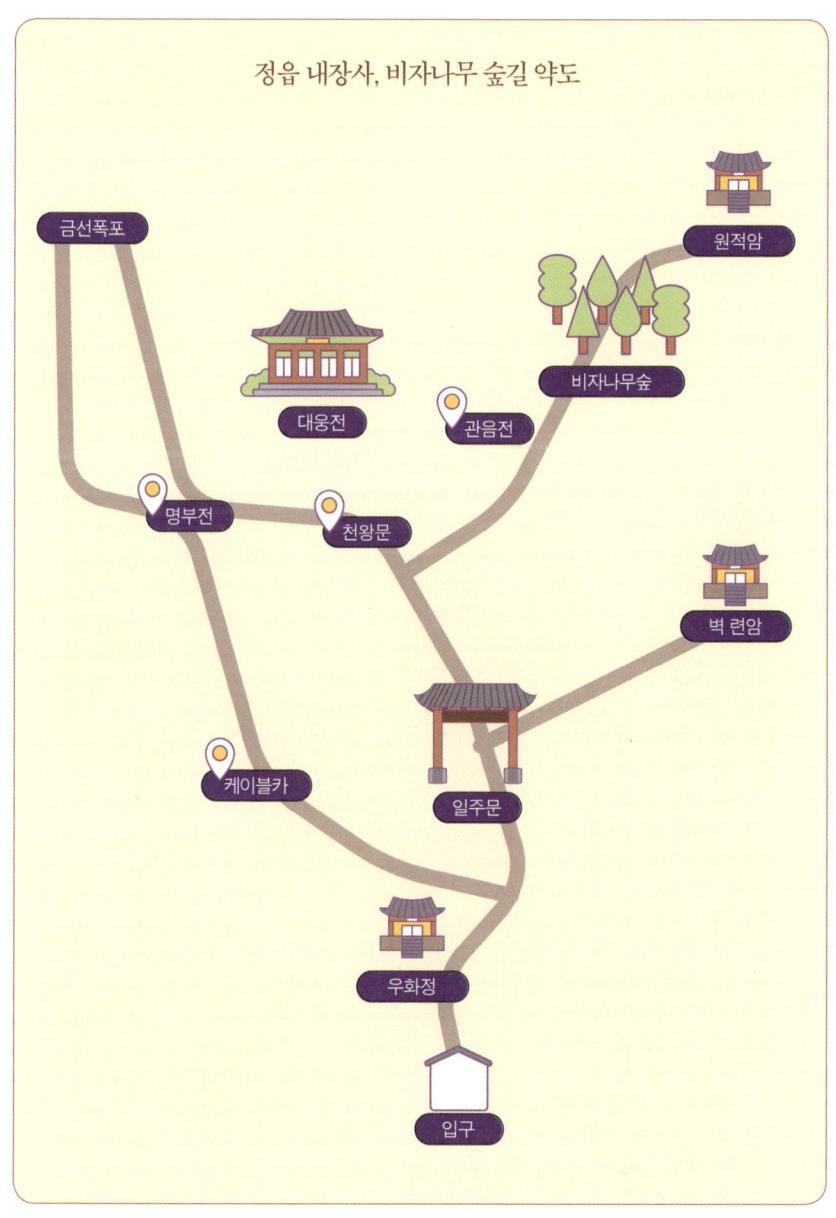

02

고창 선운사, 꽃무릇길

서러운 선운사에
가을마다 붉게 물드는 피안화

선운사 꽃무릇

처연한 슬픔 잉태한 이별 꽃

9월 중순부터 일주문에서 시작하여

선운산 곳곳에 봇물 터지듯 피어오르는

꽃무릇의 향연은 말 그대로 장관이다.

사진작가가 생산하는 개별 작품과

인터넷 SNS에 올라오는 꽃무릇의 향연은

뭇 사람의 발길을 선운사로 재촉하게 한다.

  고창 선운사라고 하면 으레 동백꽃이 떠오른다. 서정주 시인의 고향이기도 한 선운사의 동백꽃은 당대의 걸출한 시인의 시와 더불어 세상 사람들의 뇌리에 각인돼 있다. 선운사 뒤편의 거대한 동백숲에서 뚝뚝 떨어지는 붉은 동백꽃은 '서러운 선운산'으로 만들기에 충분했다. 동백꽃과 더불어 최근에는 '선운사 꽃무릇'이 명성을 높이고 있다.

  9월 중순부터 일주문에서부터 선운산 곳곳에 봇물 터지듯 피어오르는 꽃무릇의 향연은 말 그대로 장관이다. 사진작가들이 생산해 내는 명 작품과 인터넷 SNS에 올라오는 꽃무릇의 향연은 뭇 사람들을 선운사로 발길을 재촉하게 한다.

  선운사 꽃무릇 사진 전시회를 가진 전재우 작가의 작품집을 우연히 입수해 본 뒤 꽃무릇 병이 생겼다. '꼭 한번 선운사 꽃무릇을 보러 가야지'하는 작심을 한 지 몇 년이 지나도 그 원을 이루지 못했기 때문이다.

  꽃무릇이 절정에 달했던 9월 어느 날. 축제일이 지난 4일 뒤 선

계곡 곳곳에도 꽃무릇은 피어 있다.

운사를 찾았다. 올해 꽃무릇을 마지막으로 볼 수 있다는 선운사 스님의 귀띔이 시간을 만들어 냈다. 꽃무릇은 장관을 이루며 피어나는 아름다움 뒤에 처연한 슬픔을 잉태하고 있다. 동백꽃이 슬픔을 상징하듯 꽃무릇도 한껏 슬픔을 품고 있다. 9월 말 단풍이 오기 전에 피는 꽃무릇은 붉은 단풍이 지는 슬픔에 앞서 슬픈 연습을 하라는 듯이 선운사의 또 다른 슬픔을 잉태하며 지천으로 피어난다.

꽃잎 사이로 수술이 길게 나와 하늘을 향해 뻗어 있는 모습이 붉은 갈고리 같은 꽃무릇. '지옥의 꽃' 또는 '죽은 이의 꽃'이라는 의미를 담고 있다. 꽃과 잎이 따로 피는 독특한 생태적 특성을 보여 일반 사람들은 상사화로 착각하기도 한다. 9~10월경 꽃이 완전히 지고 난 뒤 겨울을 보내고 이듬해 잎이 자랐다가 5월 무렵 완전히 말라버린다. 더운 여름 동안은 자취도 없이 지내다가 가을이 되면 매끈한 꽃대가 쑥 올라와 붉은 꽃을 피운다.

이러한 생태가 산 사람의 논리로 이해가 되지 않는다. 그 모습이 마치 현생의 고통에서 벗어나는 열반의 세계에 드는 것 같다 하여 '피안화(彼岸花)'라 불리기도 한다. 꽃이 피는 습성이 독신으로 생을 마치는 수도자와 같다고 하여 '중꽃' 혹은 '중무릇'으로도 불렀다.

비슷한 식물로 상사화(相思花)가 있다. 꽃무릇과는 색깔과 생김새가 다를 뿐 생태와 습성도 비슷하다. 하지만 상사화는 꽃무릇과 같이 잎이 서로 만나지 못하는 데서 연유된 데서 '이루지 못하는 슬픈 사랑'의 의미를 담은 비슷한 내용의 설화가 구전되고 있다.

옛날 중국에 약초 캐는 사람이 조선 땅에 불로초가 있다는 소문을 듣고 한반도 곳곳을 헤매다가 결국 죽게 되었다. 그는 딸에게 후대에라도 불로초를 구해야 한다는 유언을 남긴다. 아버지의 유언을 들은 아가씨는 불로초를 찾아 나서게 되고 깊은 산중에 자리 잡은 산사에 이른다. 그곳에서 수행에 전념하는 젊은 스님을 보고 한눈에 반해 버린다.

그 후 아가씨는 스님을 보기 위해 매일 절을 찾아 먼발치에서라도 스님의 모습을 보면서 기뻐했다. 어느 날 아가씨는 용기를 내어 스님에게 사랑을 고백했다. 하지만 수행에 전념하던 스님은 부처님 제자로서 아가씨의 사랑을 받아들일 수 없다고 거절하고 깊은 토굴로 들어가 버린다. 이 충격으로 아가씨는 시름시름 앓다가 죽고 만다. 세월이 흘러 스님도 세상에 나와 아가씨의 사연을 듣고 난 뒤 깊은 죄책감을 느끼다가 급기야 병을 얻어 죽고 만다. 몇 년 후 스님이 입적한 토굴 앞마당에서는 매년 봄마다 수행자의 기상처럼 푸른 잎이 올라와 시들어버린다. 이어 가을이 되면 아가씨의 예쁘고 수줍은 모습처럼 붉은 꽃이 올라와 피는데 푸른 잎과 붉은 꽃은 언제나 만나지 못했다.

푸른 잎은 붉은 꽃을 보지 못하고 붉은 꽃은 푸른 잎을 보지 못

대웅전 우측 요사채 입구 언덕에 흐드러지게 핀 꽃무릇 군락.

하는 모습을 보면 전설에 나오는 젊은 수행자와 아리따운 아가씨 사이에서 '이루지 못할 사랑'의 비극을 보는 듯하다.

꽃무릇이 절에 많이 심어져 자라는 실용적 이유도 있다. 뿌리에서 즙을 내어 물감에 풀어 탱화 또는 단청의 물감으로 사용했기 때문이다. 이 물감은 자연 방부제 역할을 해서 좀이 슬지도 않고 색이 바래지도 않는다.

꽃무릇은 자원식물(資源植物)로도 이용됐다. 5월경 잎이 지고 난 뒤 알뿌리를 캐내어 갈아 전분을 채취하여 종이를 서로 붙이거나 책을 엮는데 필요한 강력접착제로 이용하였다. 리코린성분의 살균력 때문에 이 풀로 붙인 한지는 수천 년이 지나도록 좀이 슬지 않을 정도다. 수천 년의 역사를 자랑하는 우리나라의 인쇄문화는 불경출판이 그 효시였으니, 불경을 인쇄·제본하던 절에서 석산과 상사화를 많이 심었던 것은 당연하다. 지금도 꽃무릇이 많이 핀 곳은 영락없이 옛 절터이거나 집터였다.

. 일주문 옆에도 듬성듬성 핀 꽃무릇.

이미 축제를 마친 선운사 꽃무릇은 마지막 아름다움을 뽐내고 있었다. 이미 곳곳에는 꽃이 져 꽃대가 스러져 있었지만, 입구 너른 정원과 대웅전 우측 요사채 옆과 대웅전 뒤편 동백숲에서는 싱싱한 붉은 꽃대가 장관을 연출하고 있었다. 이곳은 지나던 스님은 "이제 꽃이 질 때가 된 것 같아"라고 말풍선을 터트렸지만, 꽃무릇을 찍는 사진작가들은 흐드러진 꽃의 향연을 렌즈에 담느라 여념이 없었다.

"피는 모습도 아름답지만 지는 모습도 아름답지요."

이미 진 꽃과 피어 있는 꽃들을 찍던 사진작가의 철학 섞인 말 한마디가 법거량처럼 들린다. 피어남이 있으면 지는 것도 당연한 인연임을 사진작가도 깨달은 것일까. 선운사를 나오는 내내 지은 꽃무릇이 내년에 다시 피어날 것이라고 항변하고 있는 듯하다.

'꽃잎이 진다고 꽃이 진 것은 아니다'라고 노래한 어느 시인의 글귀가 떠오른다.

◆ TIP 걷기 명상 안내 ◆

선운사 꽃무릇을 보려면 매년 조금씩 차이는 있지만 9월 말 즈음 찾아가면 된다. 선운사 입구부터 선운산 전역에 붉게 핀다. 특히 일주문을 지나 양측 정원에는 꽃무릇만 지천을 이뤄 장관을 연출한다. 이어 선운계곡 곳곳에 꽃무릇이 피어난다.

꽃무릇은 짧은 시간에 피어난 뒤 지기 때문에 절정의 꽃을 볼 수 있는 시기는 일주일 정도다. 선운사 꽃무릇은 선운산을 타고 올라가기도 한다. 위쪽에 있는 지장도량 도솔암에도 지천을 이루고 참당암 등 인근 암자에도 꽃무릇은 쉽게 찾아볼 수 있다.

2시간여의 충분한 시간을 갖고 꽃무릇을 감상하려면 선운사 입구에서부터 선운사를 거쳐 도솔암과 참당암을 들르는 코스를 선택하면 좋다. 그 외 짧은 시간에 꽃무릇을 감상하려면 선운사 일주문 옆 정원을 충분히 감상한 뒤 선운사 대웅전 뒤편과 대웅전 우측 요사채 언덕 등에 핀 꽃을 보고 나오는 코스를 택하면 된다.

꽃길이 끝나갈 무렵부터는 단풍길이 선운사를 수놓는다. 자연이 선물해 주는 최고의 걷기 명상길이다. 피었다 지는 꽃과 오색으로 물들었다가 앙상한 모습을 드리내는 체로금풍(體露金風)이 이치를 깨달으며 걸어보는 선운사의 꽃무릇길. 상상 그 이상의 그 무엇을 선물해 주리라.

만세루와 신운사 요시채.

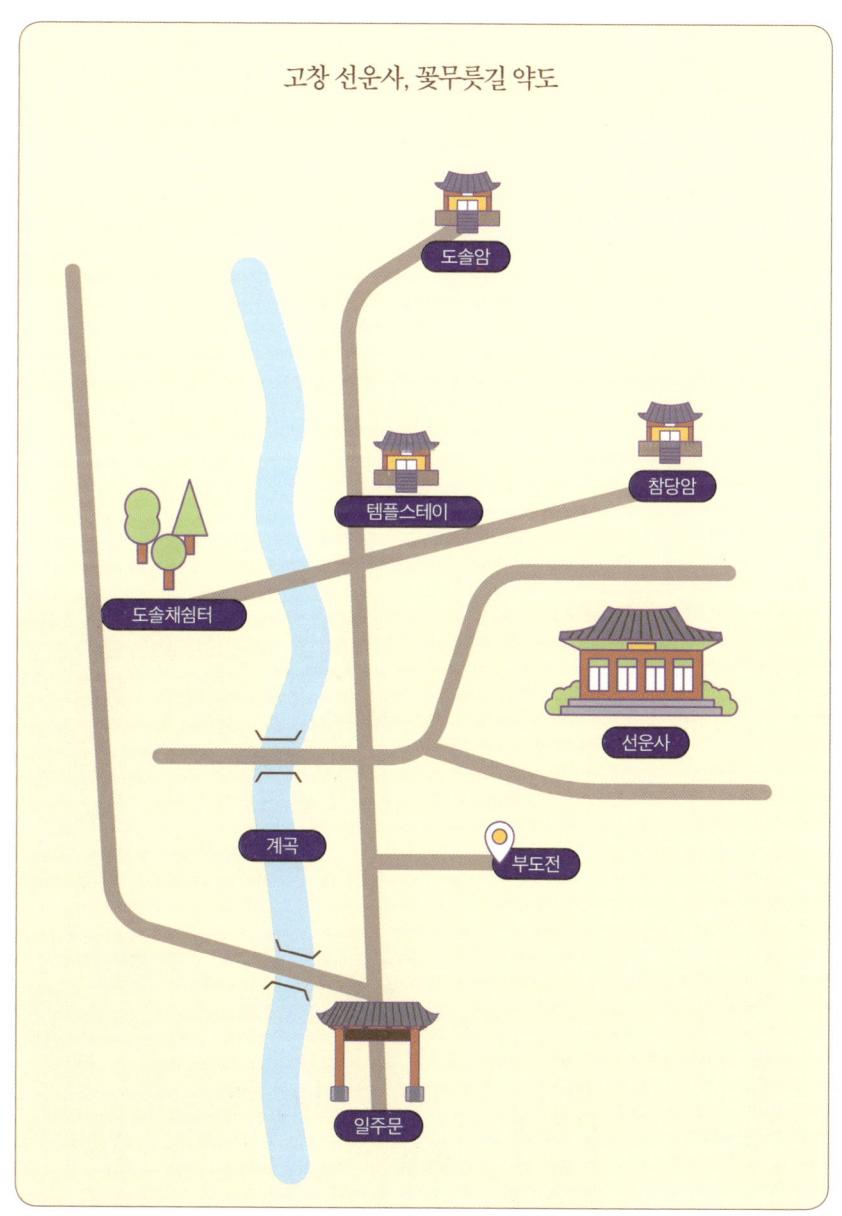

03

영주 부석사, 선묘길

의상 스님 따라 선묘가
봉황산에 스며든 까닭은?

부석사 일주문과 천왕문 중간에서 바라본 일주문 전경으로 늦가을 은행나무 숲길이 환상적으로 형성돼 있다.

봉황산과 하나 속에 전체인 듯
전체 속에 하나인 듯 존재한다.
이 사찰을 창건한 의상 스님의 화엄사상처럼.
한 티끌 속에 시방세계가 담겨 있고
온갖 우주도 한 티끌 속에 담겨 있듯
산과 절은 하나인 듯 전체인 듯 서 있다.

"지금부터 1300여 년 전 한반도라는 지구의 한 곳에 '신라'라는 이름을 가진 나라가 있었습니다. 그 나라에 사는 '진리'를 궁금해한 '의상'이라는 스님이 '무명(無明)' 같았던 이 깊고 깊은 소백산 줄기에 자그마한 법등 하나를 밝혔습니다. 그 법의 뜻을 따라 오랫동안 많은 사람이 지키고 지켜 온 절이 부석사입니다."

영주 부석사 조실 근일 스님이 부석사에 관한 책을 내며 쓴 발문은 이렇게 시작된다.

"부석사의 무량수전이나 안양루에 의지하여 어깨를 겯고 한 덩어리가 된 저 무한한 산줄기와 수많은 은하가 깃든 이 깊은 우주를 들여다보는 일은 정말 감동적입니다. 끊임없이 변화하는 우주의 드라마에 참여하고 있는 나 자신을 깨달을 수 있으니까요."

영주 부석사는 우리나라의 대표적인 산지형 가람이다. 산구릉에 사찰이 건립되었는데도 산 지형을 거스르지 않고, 산과 잘 어울려 사찰이 서 있다. 그래서 부석사가 서 있는 봉황산이 더 멋있어 보인다. 사람이 만든 절이 자연과 어울려 하나인 것 같기도 하고 전체인 것 같기도 하다. 곧 부석사는 봉황산과 '하나 속에 전체인 듯, 전체 속에 하나인 듯' 존재한다. 이 사찰을 창건한 의상 스님의 화엄사상처럼 말이다. '한 티끌 속에 시방세계가 담겨 있고, 온갖 우주도 한 티끌 속에 담겨 있듯 산과 절은 하나인 듯 전체인 듯 서 있다.

저녁녘에 도착한 부석사에서 켜켜이 바라다보이는 소백산 능선이 마음을 아련하게 한다. 고향이 영주인 유년시절 찾았던 '부석사의 추억'이 낡은 필름처럼 지나간다. 철없던 시절 부석사 자그마한 전각에 그려져 있던 '선묘 낭자'를 보며 '절에서도 여인을 모시고 숭상하는가?' 라는 의구심이 들었다.

첫사랑이 가슴 한편에 들어올 시기였으니 그저 에로스적인 사랑만을 떠올린 중학생의 상식으로는 이해가 되지 않았다. 시간이 한참 지나서 부석사 설화를 읽으며 의상 스님과 선묘 낭자의 국경을 넘는 아가페적인 사랑 이야기를 이해하면서 부석사 무량수전과 안양루, 뜬 돌(浮石)이 마음속 촉촉하게 젖어 들었다.

어느 유명작가가 무량수전 배흘림기둥에 기대서서 저녁노을을 바라보며 감회에 젖는 글을 써서 인기상품이 되기도 한 부석사는 그렇게 추억의 한 조각으로 내 삶에 남아 있었다. 매년 가을 노랗게 쏟아지는 은행잎을 보면 부석사가 그리워졌다. 드디어 10월 끄트머리 날을 잡아 선묘 낭자가 진리를 찾아 끝 모를 길을 헤매다가 영혼이 귀착한 영주 부석사를 찾았다.

해가 지기 전 낙엽과 어우러진 봉황산에 떨어지는 빛을 보기 위해 부지런히 움직였다.

"뷰 포인트가 어딜까?"

안양루 난간 아래에서 바라보는 부석사와 소백산 능선 전경.

카메라를 메고 무량수전 언저리를 맴돌았다. 사찰을 찾은 지 30년이 지났건만 며칠 전 갔다 온 사찰처럼 낯설지가 않다. 무량수전 옆 3층 석탑에서 바라보는 저녁놀에 어른거리는 소백산 능선이 저녁 안개와 섞여 물결처럼 흐늘거린다.

한창 단풍철이라 방문객들과 사진작가들이 시시때때로 변하는 부석사의 풍경을 카메라와 휴대전화에 부지런히 앵글에 담는다. 어떤 자리에서 찍어도 작품이 될 법한 경치를 내어주는 덕에 모두가 사진작가가 된 듯 분주하다.

저녁노을에 비친 무량수전과 안양루, 그 아래로 펼쳐지는 풍경이 오랫동안 마음을 사로잡는다. 흐릿한 해가 구름에 잠기자 안양루 앞의 석등이 검게 실루엣으로 남기도 한다. 해가 다시 나오면 가을 정취가 한가로운 무량수전의 윤곽이 천년고찰의 당당한 풍모를 더해준다.

1300여 년 전 의상 스님이 부석사를 새로 세우던 날 일주문의 모습이 문득 생각났다. 아마도 지금의 일주문보다 훨씬 더 아래에 일주문이 있지 않았을까. 그곳에는 국경을 넘어 불법(佛法)을 호위하는 신장(神將)이 된 '선묘 낭자'도 부석사를 호위하며 역사적인 광경을 보지 않았을까. 그때가 가을철이었다면 노란 은행잎이 아니더라도 떨어지는 단풍을 맞으며 개산의 감격을 함께하지 않았을까.

일주문으로 내려갔다. 이곳에서 시작되는 은행나무 숲길은 부석사를 대표하는 아름다운 길이 되고 있다. SNS가 발달한 요즘 인터넷에는 '부석사'를 검색하면 은행나무 숲길이 단골 메뉴다. 일주

일주문을 지나면 만나는 전각인 천왕문.

문에서 천왕문에 이르는 길 옆에 늘어선 은행나무가 사찰 방문객을 반기듯 은행잎을 깔아 '사뿐히 즈려 밟으라'라고 하는 듯하다.

정신없이 황홀한 광경을 카메라에 담느라 옆에서 부탁하는 방문객들에게 사진 한 장도 못 찍어 준다. 저녁 숙소에 들어 한 장 한 장 들여다보는 부석사의 사진이 선묘 낭자를 만나는 듯 설렌다. 다음날 새벽 선잠을 떨치고 다시 부석사를 찾았다. 일주문에서 천왕문으로 이어지는 노란 은행나무 숲길을 한번 더 보기 위해서다. 마치 부석사를 사랑했던 선묘 낭자가 의상 스님이 주석하는 영혼의 안식처를 찾아가듯 말이다.

부석사는 그 자리에 있었고, '선묘길'에는 노란 은행잎이 더 수북이 쌓여 있었다.

의상 스님의 '일즉다, 다즉일'의 화엄사상은 뇌리에 오롯이 각인되어 있었다. 새벽 별빛이 내린 들판에 서리가 하얗게 내려앉아 있었다. 새벽빛이 일주문을 넘어오고 있었다. 환영처럼 의상 스님이 합장하며 산문에 들어오고 있었다. 그 뒤로 선묘 낭자가 의상 스님을 호위하는 듯 뒤따라 오고 있었다.

안양루.

안양루 내부 모습.

◆ TIP 걷기 명상 안내 ◆

영주 부석사는 단일 사찰로 보기 드물게 국보 5점과 보물 3점 등 다량의 문화유산을 보유한 사찰이다. 국보 제18호인 부석사 무량수전과 국보 제19호인 부석사 조사당, 국보 제17호인 부석사 무량수전 앞 석등, 국보 제45호인 부석사 소조여래좌상, 국보 제46호인 부석사 조사당 벽화, 보물 제249호인 부석사 3층 석탑, 보물 제255호인 부석사 당간지주, 보물 제735호인 부석사 고려각판이 그것이다. 그만큼 역사와 전통이 있는 중요한 사찰이라는 의미다.

부석사를 둘러보기 위해서는 일주문 앞 주차장에 내려야 한다. 사과 밭길(우회도로)은 차량이 드나드는 길로 박물관 옆까지 가는 방법도 있으나 일주문에서부터 걷는 길을 권한다. 일주문에서 무량수전까지는 흙길과 계단의 연속이다. 우리나라의 대표적인 산지형 가람인 관계로 사찰길을 오르면서 돌아보는 소백산의 능선이 일품이다. 특히 범종루와 안양루를 거쳐 무량수전에 이르는 길과 범종루를 오르는 길은 부석사의 아름다움을 볼 수 있는 백미(白眉)다. 무량수전에 꼭 참배한 뒤에는 뒤편 부석(浮石)과 조사전으로 향하는 3층 석탑 뒤편의 선묘각을 들러보길 바란다. 부처님의 가르침을 매개로 개산조인 의상 스님과 국경과 세속을 넘나든 아가페적인 사랑 이야기가 전하는 곳이기 때문이다. 무량수전 뒤편으로 이어지 조사당 길도 부석사가 위치한 봉황산의 정취를 느끼기에 부족함이 없다. 봄이나 가을철이라면 차량이 다니는 우회도로인 사과밭길을 걸어보시라. 사과꽃이 피고 사과가 주렁주렁 달린 장관을 볼 수 있다.

선묘각 내부.

선묘 설화 벽화.

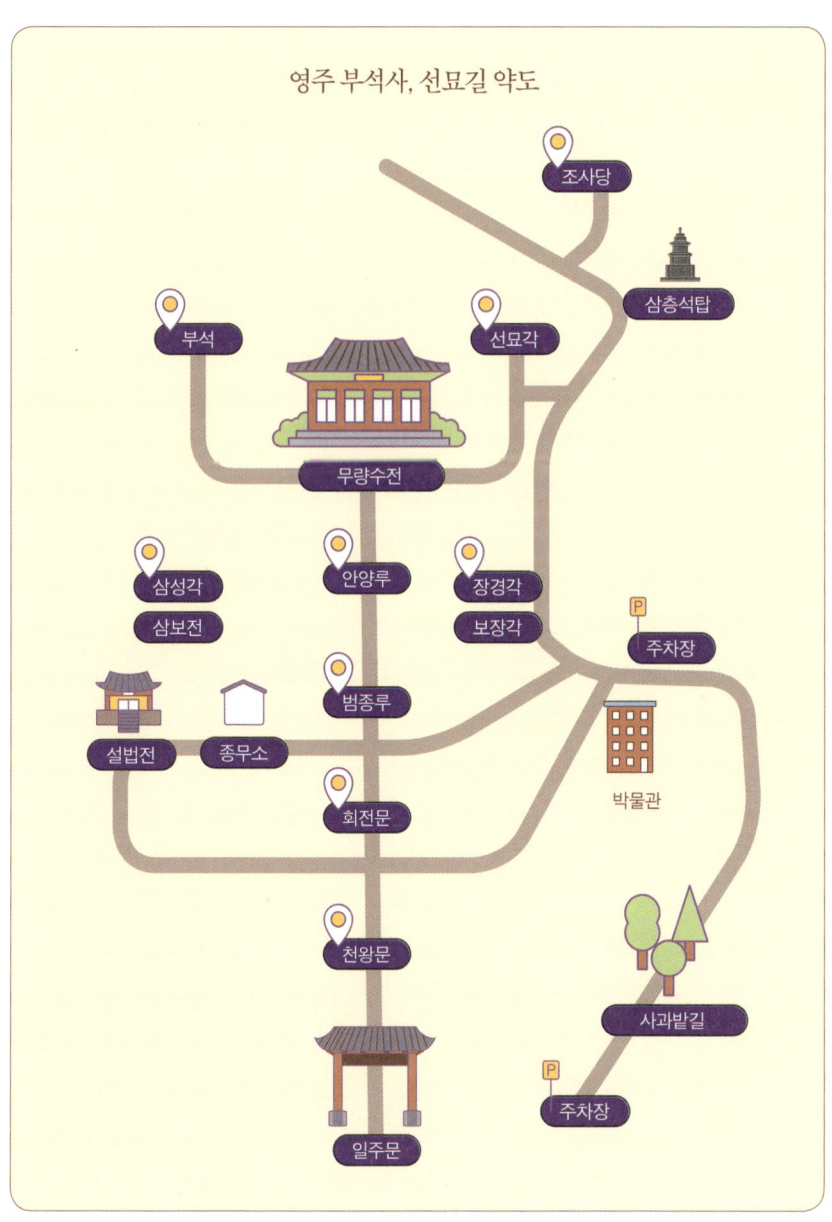

04

의성 고운사, 최치원길

이 글은 2025년 3월 25일 산불로 전소되기 전의 고운사 모습으로 복원의 염원을 담아 게재한다.

고운(孤雲)의 못다 이룬 꿈,
솔숲 바람 되어 불어오네

의상대사가 고운사를 창건할 당시에는
'높은 구름'을 뜻하는 고운사(高雲寺)로 불렸다.
이후 최치원이 머물며
가운루(駕雲樓)와 우화루(羽化樓)를 지은 뒤
그의 자(字)를 따 '고독한 구름'을 의미하는
고운사(孤雲寺)로 불렸다.

계곡은 야트막하고 물소리는 조용하다.
뚝뚝 떨어지는 단풍낙엽 소리와
이른 새벽 먹이를 찾는 새들의
부지런한 먹이활동 소리가
조용한 물소리를 압도한다.

고운사 산문에 들어서서 바라본 최치원 길. 소나무와 아기단풍이 어울린 가을 경치가 절정을 이루고 있다.

 의성 고운사가 많이 변했다. 고운사 하면 떠오르는 생각은 조계종 교구본사 중 가장 가난한 절 중의 한 곳이었다. 경상북도에 있는 교구본사 사찰이지만 영남지역의 든든한 불심(佛心)을 등에 업지 못하고 활성화가 덜 된 사찰로 분류됐었다. 하지만 다 옛날이야기다.
 고운사는 상전벽해(桑田碧海)였다. 산문(큰 일주문)에서부터 사찰음식체험관, 노인요양원, 화엄문화사찰관, 공양실 등 최근 고운사는 그야말로 괄목상대(刮目相對)할 교구본사의 위용을 과시하고 있었다. 고운사를 이끌어 온 스님과 대중들의 진정한 노고가 숨어있음을 실감한다. 그렇다고 과거의 건물이 사라진 건 아니다. 새로운 건물이 조화롭게 들어섰다. 자연스럽게 고운사는 옛것을 이어 새롭게 변했다. 전각과 당우가 많이 들어서 사격(寺格)은 변했지만 변하지 않는 건 숲이다. 고목은 나이를 더해 멋스러워졌다. 일주문

고운 최치원이 세웠다고 전해지는 가운루. 계곡이 합수되는 지점에 세운 수작이다.

에서 들어오는 길 양쪽에는 오래된 소나무 사이로 아기단풍나무가 몇 겹 심어져 가을의 정취를 더해준다. '천연송림체험로'가 조성돼 명패를 걸었으나 발길이 뜸해진 탓인지 길은 끊긴 듯 자취가 묘연하다.

    고운사 숲길은 고운(孤雲) 최치원(崔致遠, 857-?)과 관련이 깊다. 681년 의상대사가 고운사를 창건할 당시에는 '높은 구름'을 뜻하는 고운사(高雲寺)로 불렸다. 이후 최치원이 머물며 가운루(駕雲樓)와 우화루(羽化樓)를 지은 뒤 그의 자(字)를 따 '고독한 구름'을 의미하는 고운사(孤雲寺)로 불렸다. 이런 연유로 고운사 숲길을 '최치원길'로 붙여 본다.

    산문에 들기 전 고운사를 창건한 의상 스님이 '화엄일승법계도'를 형상화해 숲으로 조성한 '법계도림'을 둘러본다. '세계최초'라는 수식어가 들어 있으니 특별한 숲이 틀림없다. 광대무변한 화엄사상의 요지를 210자의 게송으로 압축한 글을 법계도로 만들었

최치원 길 중간 지점에서 바라본 숲길.

다. 54번 꺾인 길을 들어가면 중앙에 청정법신 비로자나불을 만날 수 있다. 마지막에는 다시 출발점으로 돌아오게 되어 있는데 이는 사바세계 그대로 부처님 세계임을 의미한다. 안내판에는 의미심장한 글이 담겨 있다.

"막힌 것 같은데 트이고, 트인 것 같은데 막히고, 행복하다 싶으면 안 좋은 일이 생기는 아주 묘한 것이 인생의 길 아닙니까. 멈추지 말고, 욕심내지 말고, 누구를 의식하지 말고, 그냥 있는 그대로 비우면 길이 열립니다."

산문에 든다. '등운산(騰雲山) 고운사(孤雲寺)'라는 현판이 걸린 산문이 구름 속으로 날아갈 듯 서 있다. 그 너머로 붉은 단풍 선혈이 낭자하다. 계곡은 야트막하고 물소리는 조용하다. 뚝뚝 떨어지는 단풍낙엽 소리와 이른 새벽 먹이를 찾는 새들의 부지런한 먹이활동 소리가 조용한 물소리를 압도한다.

"톡 토도 도독."

3장 비우고 거두기에 좋은 천년사찰 숲길 | 177

포장되지 않은 길은 유순하다. 올곧게 뻗어 있지 않고 굽은 소나무 등걸 따라 구부러져 있다. 연지곤지 찍은 새색시가 부끄러워 바알간 얼굴을 가리는 듯하다. 길 양쪽에는 수백 년 된 큰 소나무가 하늘을 벗 삼아 숲을 이뤘다. 오랜 삶에 지친 듯 모로 누운 자태로 보인다. 그 사이사이에 심은 몇 년 되지 않은 아기단풍이 늘어서듯 서 있다. 입구에서 보이는 좌측 계곡에 집중된 단풍은 노랗게 물들어 절정에 이르렀고 이제는 떨어지기 시작한다. 체로금풍(體露金風)이라 했다. 가을 찬바람에 낙엽을 떨군 나무가 본래의 면목을 드러낸다. 『선문염송』에 다음과 같은 내용이 들어있다.

한 스님이 운문선사에게 물었다.

"나무가 마르고 잎이 떨어질 때는 어떠합니까?"

운문선사가 대답했다.

"온몸이 가을바람을 맞게 되지(體露金風)."

적멸의 아름다움은 극한의 아름다움이자, 모든 게 사라지기에 다시 볼 수 없기에 느끼는 처연한 아름다움이다. 떨어지는 단풍은 살아가면서 모든 것을 내어주고 마지막에는 앙상한 모습으로 떠나는 이 땅의 어머니들을 생각하게 한다.

길옆에는 오가는 사람들이 발원을 담아 돌탑을 쌓았다. 중생들의 염원이 얼마나 많았으면 탑을 쌓을 만큼 돌이 모였을까. 고난에 빠진 중생을 구하고자 성불(成佛)마저 포기한 대원본존지장보살의 발원이 더욱 간절하게 다가온다.

한참을 걸어 올라오면 계곡을 건너는 등운교가 나온다. 여기서부터는 고운사 경내가 멀리 일주문과 천왕문이 보이고 좌측에 가

고운사 조계문은 화재를 피했다.

운루가 서 있다. 바로 옆에는 우화루다. 30여 년 전만 해도 가운루, 우화루와 나란히 자리한 극락전이 고운사의 큰 법당 역할을 했다.

고운사의 압권은 가운루(駕雲樓)다. 계곡이 합수되는 지점에 지은 이 전각은 '구름을 가득 담은 가마'라는 뜻이 담겨 있다. 처음에는 가허루(駕虛樓)라 불렀다고 한다. '허공을 담은 가마'라는 의미다. 가운루든 가허루든 전각의 이름은 신선이 노니는 세계를 상징하는 듯하다. 불교와 유교, 도교에 모두 통달했던 최치원의 안목이 돋보이는 이름이다. 전각은 '가마'의 규모가 아니라 허공이나 구름을 가득 담은 거대한 배처럼 보인다. 극락교 앞에 있는 가운루가 구름 속에 서 있을 때는 영락없이 망망대해에 떠 있는 배와 같다.

최치원은 당나라 유학파였던 신라 최고의 지성이었다. 12세 때인 868년 당나라로 유학을 떠나 6년 만에 과거에 합격했다. 여러 벼슬도 지냈으며 문장가로서 명성도 떨쳤다. 885년 귀국한 고운은 신라 사회를 변화시키기 위한 의욕을 보였으나 신라 말 어지러운 정치 상황과 신분제라는 견고한 벽에 막혀 좌절하고 만다. 결국, 42세 즈음 관직을 버리고 세상을 떠돌다 사라져 버렸다.

　시대에 이루지 못한 꿈이 계곡에 흐르는 물거품으로 흘러가는 모습을 보며 최치원은 무슨 생각을 했을까. 외로운 구름이 하늘을 떠돌고 가운루와 우화루를 배로 삼아 구름을 타고 신선이 되고자 하

산불 화재로 인한 복원 안내 포스터.

지는 않았을까. 왔던 길을 거슬러 내려오는 동안에도 등운산을 휘감은 구름은 가운루와 우화루를 떠나지 않고 주변을 맴돌고 있다.

산문 아래 위치한 법계도림 전경으로 화엄경 사상을 형상화해 숲길로 만들었다.

◆ TIP 걷기 명상 안내 ◆

고운사 최치원 길은 산문인 일주문에서부터 하면 좋을 듯하다. 과거에는 일주문에 들기 전 법계도림을 들러 한번 돌아보고 왔지만, 지금은 화재로 주변 환경이 여의치 않다. 2025년 3월 25일 산불로 전소된 고운사의 모습은 처참 그 자체였다. 하지만 화마를 수습하면서 몇몇 전각은 화마를 피해서 갔고, 템플스테이관에서 스님들이 기거(起居)하며 복원을 위해 노력하고 있다.

고운사를 방문하면 걸으면서 '죽음 명상'을 권한다. 소위 죽음(死)에 대한 적시다. 산불을 죽음으로 인식하고 사멸에 대한 관조를 해 보시라. 제행이 무상해, 태어난 것은 반드시 죽음이 있기 마련이지만 갑자기 닥쳐오는 죽음과 사멸에 대해 받아들임을 어떻게 할 것인가.

애써 가꾸어 놓은 사찰에 한순간 화마(火魔)에 사라져 버렸을 때 느끼는 상실감. 주변에 함께 하던 사람들이 죽음이라는 강을 건넜을 때 다가오는 슬픔. 이런 것이 다 죽음 명상을 하는데 중요한 계기가 된다. 어쩌면 사라지기에 귀하고 안타깝고, 애처로운 게 아닌가 싶다. 세상 모든 일이 영원히 존재한다면 그것 또한 재앙이 아니겠는가? 사라지기에 세상이 아름답다는 이 역설의 논리를 잘 관찰해보시라. 무상한 세상을 적시하며 느끼는 바가 클 것이다. 그렇다면 우리는 어떻게 살아가야 하는지를 새삼 깨달을 수 있을 것으로 본다. 잿더미 속에서도 활엽수를 중심으로 잎이 돋고 숲을 만들어 가고 있다. 자연의 놀라운 복원력이다. 하루빨리 잿더미 속의 고운사가 옛 모습을 회복하기를 기원해 본다.

화재를 당한 고운사 종각

상주 남장사, 석장승 숲길 ○──── ○ 강화 전등사, 삼랑성길 걷기 ○──── ○ 여주 신륵사, 나옹선사 숲길 ○

4장

찬 겨울에
마음 힐링하기 좋은
천년사찰 숲길

○ 평창 오대산, 선재길 ○──────○ 여수 향일암, 거북바위 숲길 ○──────○ 양평 용문사, 우국의 숲길

01

상주 남장사,
석장승 숲길 걷기

노악산 돌미륵님,
겨울 바람 소리 듣고 계시네

인적 끊긴 산사 방문을 반기는 이는
사람이 아닌 돌장승이다.
사찰에서 500m 앞에는 석장승이 서 있다.
마을과 사찰 중간에 서 있는 석장승은
마을과 사찰을 이어주는
중개자이자 수호신과 같은 존재다.
수호신이라 해서 근엄한 모습은 아니다.
친근한 동네 인심 좋고 힘 좋은 일꾼을 닮았다.

"낙엽 꽃이 만발했어요. 올해는 서리가 일찍 내려 낙엽이 일찍 지면서 지난해보다 많은 낙엽이 남장사를 뒤덮었어요. 절에 계시는 거사님도 도저히 치울 엄두를 못 낼 정도로 올해는 낙엽이 지천이네요."

12월 첫날 방문한 상주 남장사. 당시 주지로 계셨던 성웅스님(2023년 9월 입적)은 입구에 켜켜이 쌓인 낙엽자랑을 했다. 사회복지 활동에도 많은 공적을 남겼던 스님은 이제 백발이 성성한 노스님이 됐다. 그 사이로 겨울이 성큼 와 있었다.

남장사를 품은 노악산(露嶽山)은 앙상했다. 보광전 앞마당에는 며칠 전 내린 눈이 쌓여 있었다. 낙엽을 떨군 나무는 허구를 떨치고 본질을 드러낸 모습처럼 가식을 버린 본래로 돌아와 서 있다. 조금 애소해 보였지만 오히려 당당해 보였다. 여름에 풍부했을 계곡의 수량도 부쩍 줄어들어 있었다. 바람이 계곡을 스쳐 지나가는 소리와 산새 소리가 가끔 들릴 뿐 겨울 산사는 노스님의 마른기침 소리처럼 적막했다.

남장사 천년숲길 입구에 서 있는 일주문. 노악산에 비스듬히 서 있어 산과 전각이 묘한 조화를 이루고 있다.

남장마을과 남장사 사이 언덕에 서 있는 돌장승. 불교에서는 호법신장이나 미륵부처님으로 받아들이고 있다.

　인적마저 끊긴 산사 방문을 반기는 이는 사람이 아닌 돌장승이다. 사찰에서 500m 앞에는 석장승(경북 민속자료 제33호)이 서 있다. 마을과 사찰의 중간 위치에 서 있는 석장승은 마을과 사찰을 이어주는 중개자이자 수호신과 같은 존재다. 수호신이라 해서 아주 근엄한 모습은 아니다. 친근한 동네 인심 좋고 힘 좋은 일꾼을 닮았다.
　원래 이 석장승은 절 아랫마을인 남장동에 있었다. 1968년 저수지 공사로 인해 사찰과 좀 더 가까운 사찰 입구 산언저리인 현재의 자리로 옮겼다. 정교하게 비례에 맞게 조각한 여타의 석장승과는 이미지가 사뭇 다르다. 전문가가 아닌 비전문가가 균형을 맞추지도 않고 대충대충 돌을 쪼아 윤곽을 만들고 다듬은 듯하다. 눈과 코를 큼직하게 표현하고 나머지는 대충이다. 몸통도 선으로 처리했다. 그래도 머리와 몸은 하나인 높이 186cm의 통돌이다. 표현은 투박하지만 친근함과 소박함이 묻어나는 원형의 모습이다.

사찰에서는 '마을로 간 미륵부처님'이나 '호법신장'으로 여길 만하고, 주민들은 민간신앙으로 '마을을 지키는 수호신'으로 의지하기에 충분하다. 민간신앙과 불교가 녹아 만들어진 공동 수호신이 된 셈이다. 한쪽으로 치우친 비뚤어진 얼굴과 눈꼬리가 치켜 올라간 왕방울 눈, 여기에 주먹만 한 코, 앙다문듯한 입꼬리가 살짝 올라가 미소를 머금은 듯한 모습은 친근하다. 남장사에 사천왕이 없는 이유와도 유관해 보인다.

일주문 지리가 절묘하다. 숲길 정면에서 비스듬히 노악산에 기대어 있어 보일듯 말 듯하다. 마치 산과 한 몸이 된 듯하다. 산세를 거스르지 않으면서 산과 어우러진 위치다. 많은 부재를 얽고 섞어서 지붕을 올렸다. 지붕을 떠받치는 기둥 역시 여러 개다. 세월과 중압에 못 이겨 금이 가 있다. 여러 겹으로 연결되어 있어 위태롭지는 않으나 수리가 필요해 보인다. 기둥 곳곳에 벌레의 습격으로 보이는 훼손도 여러 곳 보인다. 세월에는 장사가 없는 모양이다.

일주문과 도안교 건너편에 자라고 있는 느티나무 고목이 묘한 조화를 이룬다. 400년은 족히 됐을 법한 고목은 보호수로 지정돼 있다. 일주문과 나이가 견줄 만큼 오래됐음을 온몸으로 보여준다. 고목과 일주문, 절을 지키고 있는 노스님의 이미지가 묘한 조화를 이룬다.

"일심이 청정하면 국토가 청정하고, 일신이 청정하면 중생이 청정하지요. 내 마음이 깨끗하면 세상에 보이는 모든 경계가 깨끗하고, 이 한 몸이 깨끗하면 세상의 모든 중생을 다 청정한 세계로 인

남장사 중심전각인 보광전 비로자나부처님과 목각탱은 보물로 지정돼 있다.

도할 수 있을 겁니다."

입적한 성웅 스님의 말씀이 생생하다. 사찰에 부처님만 계시고 부처님의 가르침을 실천하는 스님과 불자들이 없다면 그저 삭막한 '절간'에 불과했으리. 10만 도시 상주지역 복지관을 수탁해 부처님의 자비행을 지역민의 복지와 연결한 스님의 자비행은 그 뒤를 이어 남장사에서 진행중이다. 중생을 위한 마음은 '시작은 있으나 끝이 없는' 모양새다.

산중사찰은 일찍 해가 넘어간다. 오후 4시가 되니 벌써 서쪽으로 기운 해가 긴 그림자를 뿐다. 산에서 부는 바람도 차갑다. 보광전 비로자나부처님께 인사를 하고 나서는 절 뒤편에 몇 알의 모과 열매가 떨어져 있다. 비닐봉지에 서너 개 담아 자동차 안에 두니 남장사 모과향이 가득하다. 겨울 동안거 자동차 법당에서 '나이테 없는 남장사 모과나무 나이테는 몇 겹일까'를 화두로 한철을 참구할 수 있겠다.

◆ TIP 걷기 명상 안내 ◆

남장사 입구 소나무.

남장사 석장승 숲길은 짧지만 긴 여운을 남기는 길이다. 둘러보는 시간은 한 시간이면 충분하다. 산내암자인 영산전과 관음선원을 찬찬히 돌아봐도 두 시간이면 충분하다. 대중교통으로 남장사에 도착하면 마을 쪽으로 500여 m 내려간 언덕에 석장승을 본 후 일주문에서 오르막길을 걸어서 올라오는 길을 권한다. 경사가 그리 가파르지 않아 사부작사부작 걸으며, 들숨과 날숨, 잠깐 멈춤의 걷기 명상하기 좋다.

석장승 숲길은 버스정류소에서부터 가능하다. 일주문이 서 있을 법한 자리에 버스정류소와 화장실이 있다. 이곳 우측에는 남장사로 오르는 자동차 길이 있고 좌측은 걸어서 오르는 석장승 숲길이 나 있다.

계곡과 나란한 숲길 양옆에는 천년송이 즐비하다. 야영장을 겸한 주차장으로 연결되는 연화교를 지나면 비스듬히 서 있는 일주문(경북 문화재 제468호)을 만난다. 일주문을 지나면 도안교가 있고 그 건너편에 고목의 느티나무 보호수가 천년고찰의 면모를 더해준다. 이곳에서 사찰 중심전각인 보광전까지는 계단과 마당으로 이루어져 있다.

경내를 돌아볼 때는 꼭 국가문화유산인 보물 친견도 꼭 하길 권한다. 보광전의 철조 비로자나불좌상과 목각탱, 극락보전의 목조 아미타여래삼존좌생도 눈여겨보길 바란다. 산내 암자인 관음선원에는 목각 아미타여래설법상도 보물로 지정돼 있다.

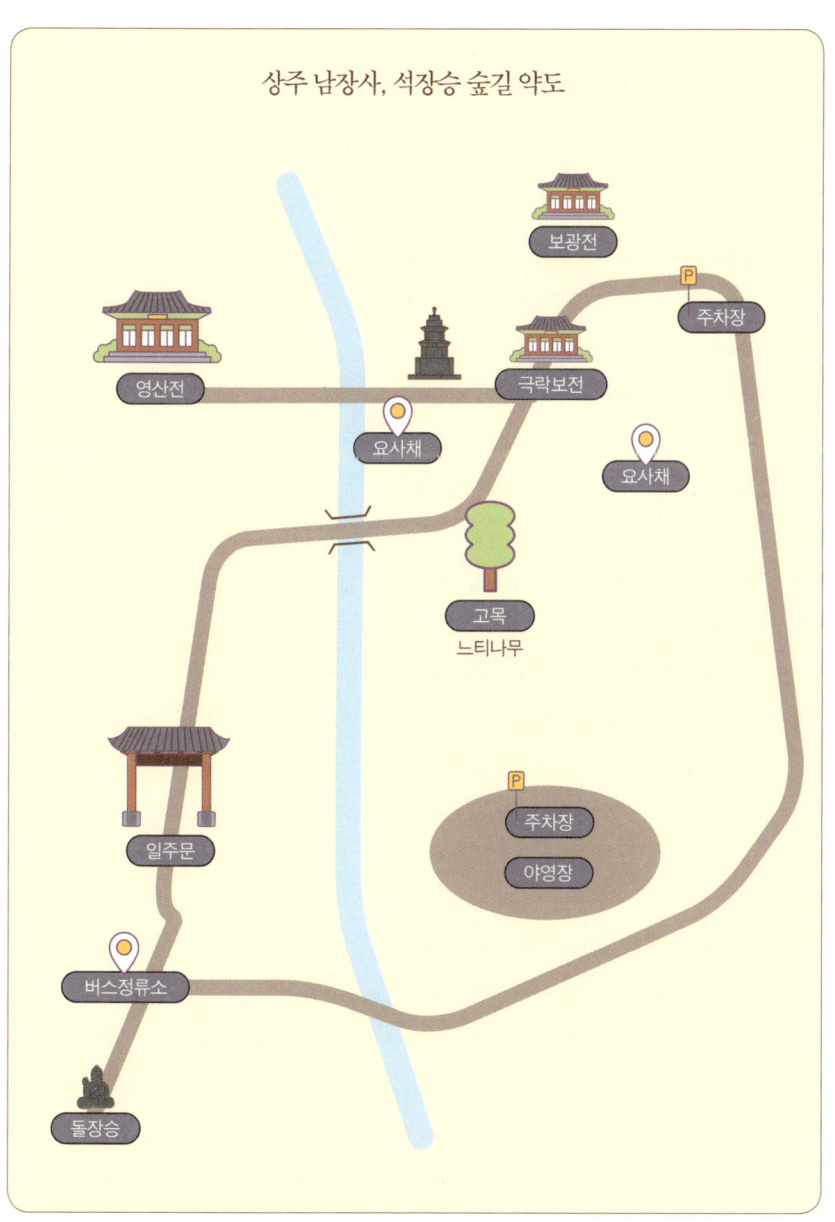

02

강화 전등사,
삼랑성길 걷기

부처님 도량 보듬은
성곽길에 눈은 나리고…

고려 시대에는 대몽항쟁의 근본 도량이었으며
병인양요 당시에 프랑스 군대를 물리친
근대사의 중심에서 국운을 지켜낸
현장이 전등사 삼랑성이기도 했다.
그 치열했던 현장은 지금 살아 있는
역사교육 공간이 되어 우리 앞에 서 있다.
전등사 삼랑성길 남문 앞에 서면
우측에 빽빽하게 들어선 소나무 숲을 만난다.

   바람 찬 날 눈까지 내린 강화도. 백설의 고요가 춥다. 살갗을 파고드는 추위는 손가락 장갑의 틈을 노리더니 이내 손가락에 찬 기운을 전한다. 단군의 세 아들인 부여, 부우, 부소가 쌓아 이름 지어진 삼랑성. 고대 토성으로 시작한 성은 민초들이 거친 돌을 다듬어 나라를 지키겠다는 호국의 정신이 담겨 있다.

산의 지형을 이용해 능선을 따라 2.3km에 달하는 성은 고려 시대와 구한말을 거치면서 민족의 영욕을 온몸으로 끌어안으며 강화도를 지켜오고 있다. 그 성곽 안에 자리한 전등사는 이 땅에 부처님의 가르침을 전한 대표적인 도량이다. 서기 381년 고구려 소수림왕 11년에 아도화상이 창건하였다고 하니 우리 민족과 함께한 1700여 년의 불교의 역사를 대변하고 있다.

전등사 삼랑성 숲길은 적요로움 그 자체였다. 새벽 일찍 찾은 도량에 내린 서설(瑞雪)은 새해를 맞이하는 방문객을 반기는 듯 도량에 사뿐사뿐 내려앉았다. 전날 대한(大寒) 추위의 여운이 남문 소나무 숲길에 잦아들어 "윙! 윙!" 하며 울고 있다. 간헐적으로 군락을 이룬 대나무 숲의 서걱이는 소리는 움츠러진 마음을 더 오그라들게 한다.

방문객 맞이 준비로 바쁜 남문 입구 식당과 기념품 가게의 불빛이 하나둘 켜지며 삼랑성의 아침이 밝아 오고 있다. 한산한 매표소 직원도 눈을 비비며 주말을 시작한다. 멀리 초지대교 건너 대명항 포구도 드나드는 어선들의 부산함이 얼어붙은 대지의 어눌함과 대조를 이룬다.

풍전등화에 처한 사직은 조용한 적이 없었다. 나라를 사지(死地)에 몰아넣은 고관대작들은 모두 흩어지고 초라해진 왕실이 바다를 건너 강화도로 피난 왔던 강화도. 왕은 더는 왕의 권위를 내세우기조차 힘들었을 것이다. 그래도 나라를 지키겠다고 항거했던

동문을 지나 전등사 경내로 가고 있는 수행자의 뒷모습.

전등사 느티나무 고목에서 바라본 동문길.

민초들은 분연히 일어나 무기를 들었고, 몇 안 되는 충신들은 목숨을 걸고 성을 사수했다. 강화도는 우리 민족의 '마지막 보루' 같은 요새였고, 그 중심에 부처님 도량 전등사와 삼랑성이 있었다.

　주말이면 강화도를 찾는 관광객이라면 으레 전등사를 찾는다. 강화도에 왔다면 대표적인 관광지가 전등사로 여기기 때문이다. 그렇지만 조금 세심한 눈길을 가진다면 전등사는 의례처럼 찾아가는 관광지가 아님을 안다. 반만년 우리 민족의 근원인 단군신화가 서려 있고, 한국불교의 모태가 되는 성지다. 이즈음 되면 사찰을 안내하는 리플릿이라도 한번 꼼꼼히 읽어 볼 일이다. 그뿐인가. 고려 시대에는 대몽항쟁의 근본 도량이었으며 병인양요 당시에 프랑스 군대를 물리친 근대사의 중심에서 국운을 지켜낸 현장이

전등사 대조루 입구에서 내려다본 아래 풍경으로 천년 수령의 느티나무가 서 있다.

전등사 삼랑성이기도 했다.

그 치열했던 현장은 지금 살아 있는 역사교육 공간이 되어 우리 앞에 서 있다. 전등사 삼랑성길 남문 앞에 서면 우측에 빽빽하게 들어선 소나무 숲을 만난다. 잘 가꾸어 놓은 소나무 숲은 저마다의 자태를 드러내고 있다. 적당히 간벌 된 흔적에는 숲을 가꾼 이들의 노력이 보인다. 건강하게 철갑을 두른 소나무도 있지만, 재선충의 피해를 본 나무도 있다. 숲도 생로병사의 운명을 맞고 있다.

흩날리는 눈은 방문객의 마음을 급하게 만든다. 혹여 눈 속에 고립돼 버리기라도 하면 어쩌지 하는 불안감이 발걸음을 재촉한다. 매표소를 지나 오르막길에 서니 일순간 숨이 가빠진다. 하늘은 잔뜩 흐려 있음이 마치 시대의 아픔과 함께했던 삼랑성을 연상하

눈길을 뚫고 동문으로 들어서고 있는 전등사 방문객.

게 한다.

종해루(宗海樓)에 다다른다. 1866년 병인양요 때 장수 양헌수가 프랑스군을 물리친 승전지다. 1660년에는 정족산성에 사고(史庫)를 옮겨 오기 위해 산성을 정비했으며 1739년에는 산성을 정비하면서 남문 문루를 만들어 종해루라 이름 지었다. 이곳에서 서해를 바라보며 삼랑성을 목숨 걸고 사수했을 것으로 추측된다. 전쟁에 승리자가 있었던가. 승리의 이면에는 반드시 피해도 적잖았을 것이다. 끝내 성을 지켜낸 것이 승리였지만, 그 승리 대가도 만만찮았으리라.

종해루를 관통하면 전등사 경내가 눈 앞에 펼쳐진다. 여전히 좌측에는 아름드리 소나무가 천년고찰의 역사를 대변하듯 우람하게

전등사 삼랑성길에 쌓인 설경.

서 있다. 소원을 담아 쌓아 올린 돌탑도 여기저기 보인다. 그 위에 눈이 소복이 쌓여 발원자의 마음이 더욱 오롯하게 드러나 보인다. 종해루를 따라 양쪽에 나 있는 계단에도 하얀 눈이 수북하다. 푸른 소나무와 백설이 어우러진 전등사 삼랑성길이 새벽 여명에 빛을 발하며 몽환적인 분위기를 연출하고 있다. 여전히 날씨는 차고 매섭다.

총총걸음으로 대웅보전을 향한다. 최근에 설치해 놓은 윤장대와 고목이 된 은행나무가 늘어서듯 언덕길에 버티고 서 있다. 그 옆에 나란한 찻집에서 모락모락 피어오르는 연기가 얼어붙은 산사를 조금씩 녹인다. 새벽예불을 마친 수행자가 대웅보전 앞마당과 대조루 계단에 쌓인 눈을 쓸고 있다. 입김이 길게 뻗어 나가는 모습이 얼마나 매서운 추위가 기승을 부리는지를 알려주고 있다.

대웅보전 마룻바닥에 깔린 카펫도 차갑다. 냉골 법당이지만 부처님의 모습은 자애롭다. 쓱쓱 쓸어내는 스님의 빗자루 소리만큼 지난밤 번뇌의 망상도 깨끗하게 녹아내린다. 이른 아침 사찰을 찾은 신도들이 법당을 드나든다. 대조루 계단을 올라오는 불자님들의 발걸음이 힘차다. 아무리 추운 날씨라도 불자들의 신실함(信心)은 얼어붙게 하지 못하는가 보다.

대웅보전 앞에는 어려운 지구촌 이웃을 돕는 단체의 성금함이 자리하고 있다. 마당에는 소원지가 탑을 이루고 있다. 정성껏 내는 성금이 '티끌 모은 태산'이 되어 어려운 이웃을 도왔다는 뉴스가 종무소 앞에 붙어 있다.

길게 늘어뜨린 고드름이 산사의 겨울 정취를 더해준다. 낙엽을 떨어뜨리고 앙상하게 남은 느티나무에 쌓인 눈이 단풍나무로 이어져 있다. 고목이 된 느티나무와 단풍나무가 천년고찰과 어우러져 적막하다. 전통과 현대가 어우러지게 신축된 무설전(無設殿) 지붕 위로 함박눈이 쏟아진다. 분명 설법을 하는 공간이 틀림없는데도 '설한 바가 없다'라는 전각의 역설. 눈이 쏟아지는 전등사에 '눈이 없다'라는 '무설(無雪)'을 설파하며 "상에 집착하는 마음을 버리라"라고 무언 설법을 하고 있다.

내려올 때가 되었다. 동문으로 향하는 길은 이미 눈에 잠겨 있다.

종해루를 따라 늘어선 삼랑성길로 오르는 계단 입구의 천년 숲길로 우람한 소나무와 돌탑을 쌓아 올려 소원을 기원한 흔적이 보인다.

성문을 나서는 미끄러운 발길을 배려해 모래가 흩뿌려져 있다. 포행을 하던 스님이 연신 사진 셔터를 누르는 방문객을 향해 묻는다.

"신문사에서 오셨소?" 당연한 답이 오리라는 것을 알고 있는 스님은 "네, 스님"이라는 답을 받아 든다. 스님의 뒷모습이 찍고 싶어 양해를 구했다. "뒷모습 찍어 뭐에 쓰려고요?" "신문사에서 왔으니 신문에 실으려고요." 스님은 "허 허."하며 너털웃음을 지으며 뒷모습을 내어준다. 전등사 삼랑성길에 눈이 하염없이 내린다. 스님의 모습이 가물가물 사라질 때까지.

◆ TIP 걷기 명상 안내 ◆

전등사 삼랑성길의 메인 길은 자동차도 다닐 정도로 넓다. 가장 일반적인 코스는 남문에서 시작해 종해루를 지나 전등사 경내를 둘러보고 동문으로 내려오는 길이다. 이 코스는 넉넉하게 1시간 30분이면 걸어 다닐 수 있다. 시간 여유가 있으면 정족산 사고를 둘러보며 삼랑성의 속살을 더 걸어보시길 권한다. 겨울철에는 운동화나 등산화를 반드시 착용해야 한다.

전등사는 유서 깊은 사찰답게 많은 문화유산도 보유하고 있다. 보물인 대웅전 목조 석가여래삼존불(보물 제1785호), 약사전(보물 제179호), 범종(보물 제393호), 명부전 목조 지장보살삼존상 및 시왕상 일괄(보물 제1786호), 업경대(인천 유형문화재 제47호) 등이 있어 세밀하게 살펴보면 유익하다. 천년 고찰답게 전등사 곳곳에는 소나무 숲과 느티나무, 은행나무, 단풍나무 등이 보호수로 자리하고 있다.

전등사의 압권은 대웅보전의 추녀 끝에 새겨져 있는 나부상이다. 다양한 전설을 간직하고 있는 나부상은 모습이 특이해 익살과 풍자가 섞인 '엇나간 사랑'의 내용을 담고 있어 흥미를 더해주기도 한다. 짧은 시간에 전등사를 체험하기 부족하면 템플스테이를 권한다. 평일과 주말형으로 나눠 휴식과 체험형으로 사찰 체험을 하면 전등사의 다양한 전각을 둘러보며 사찰역사는 물론 불교 문화의 진수를 체험할 수 있다.

전등사 대웅보전 전경. 추녀 끝에 새겨져 넣은 나부상이 다양한 전설을 간직하고 있다.

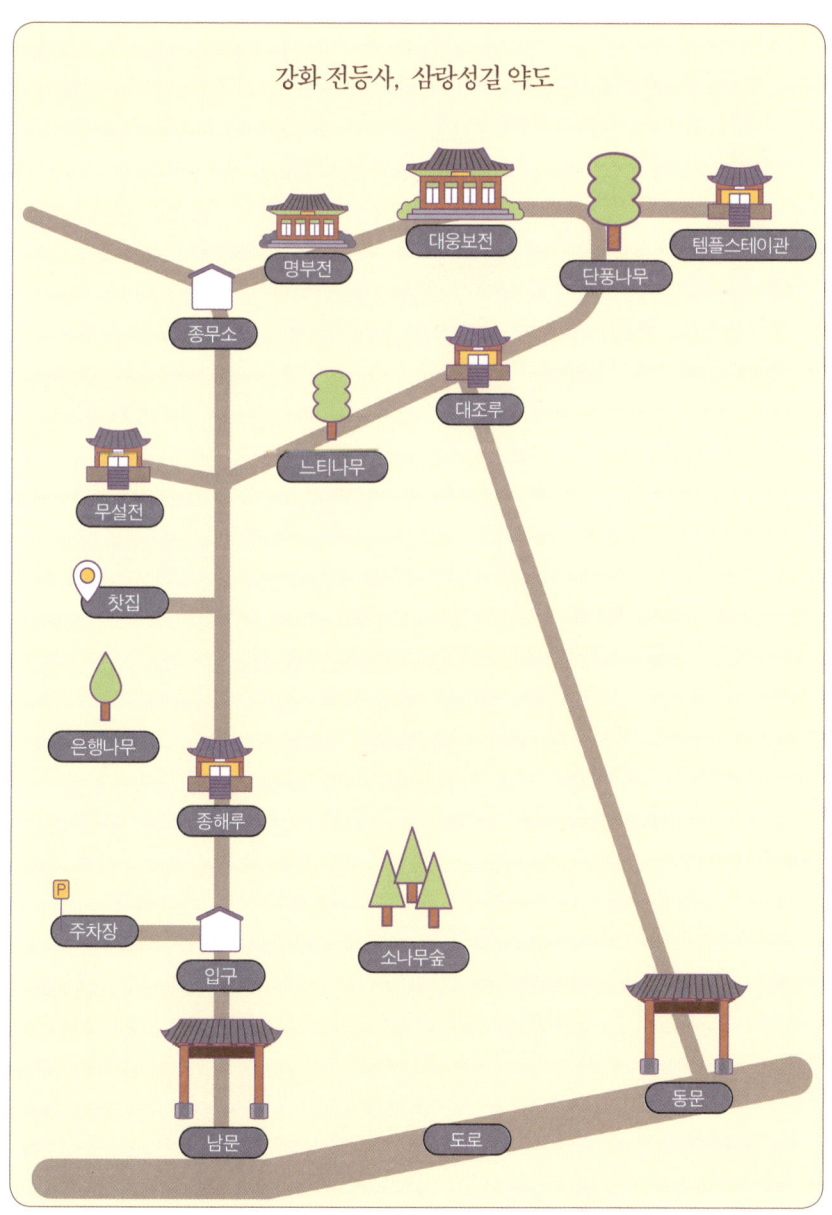

03

여주 신륵사,
나옹선사 숲길

남한강 물길 따라
나옹선사 환생하시려나….

짧은 생을 살다간 나옹선사의
선 굵은 삶은 '인생은 허투루 살아서는 안 된다.'라는
유지처럼 가슴에 다가온다.
흘러가는 강물도 '두 번 다시 오지 않는 삶'을
말없이 설파하고 있다.
'불자들아! 지금 그대들의 삶의 궤적은
제대로 그려지고 있는가?'

여주 신륵사 여강(驪江, 남한강)에 서리가 내렸다. 전날 잠깐 내린 비가 나무에서 얼어붙어 때아닌 '2월 상고대'다. 이 광경을 보고 있노라면 신륵사와 인연 깊은 나옹선사(1320~1376)의 시(일각에서는 중국 당나라 한산 스님의 시라는 설도 있음)가 저절로 생각난다. 온통

신륵사 모전탑과 극락보전

하얀 서리가 남한강 변 나뭇가지에 얼어붙어 별천지 세상. 때때로 일찍 나들이하다 보면 이른 새벽에 볼 수 있는 호사스러운 광경이다. 그래서 신륵사 일대를 '나옹선사길'로 붙여도 부족함이 없어 보인다.

과거 신륵사로 향하는 길은 남한강물과 나란한 길이었다. 이제는 신륵사 관광단지 앞에 거대한 일주문을 건립해 대형주차장을 따라 들어오는 길이 중심도로가 됐다. 세월이 흐르면 길도 바뀌는 이치던가. 사하촌 정비 차원에서 이루어진 신륵사 입구는 관광지로 자리 잡았다. 관광영역이 지나면 사찰 경내지가 시작된다. 최근에는 사찰 입구에 템플스테이관이 건립되어 천년사찰 체험을 할 수 있게 되어 있다. 상전벽해(桑田碧海)라는 말이 이럴 때 쓰는 말이 아닌가 싶다.

여주 강천보가 생겨 신륵사 앞 물길은 깊어졌고, 수량도 많아졌다. 물길이 막혀 정화가 잘 안 될 것이라는 우려도 있지만, 시비(是

非)를 뒤로하고 겨울 강은 이제 봄으로 갈 채비를 하고 있다. 겨울 강이 그리운지 시샘하는 추위가 봄으로 가는 길을 막고 있다.

> 청산은 나를 보고 말없이 살라 하고
> 창공은 나를 보고 티 없이 살라 하네.
> 사랑도 벗어 놓고 미움도 벗어 놓고
> 물 같이 바람같이 살다가 가라 하네.

조선을 건국한 태조의 왕사인 무학대사를 제자로 둘 정도로 당대 최고의 고승이었던 나옹선사는 음유시인이었음이 틀림없다. 일찍이 친구의 죽음이 계기가 되어 출가해 28세에 중국으로 유학해 고승의 경지에 이른 선사는 귀국 후 공민왕의 왕사로 활약한다. 고려 시대 불교 총본산인 양주 회암사를 중창하기도 했다.

하지만 선사의 만년은 쓸쓸했다. 선사의 법력은 하늘을 찌를 듯 했고, 법문을 듣기 위해 구름 같은 인파가 회암사로 모였지만 음해하는 상소가 올라와 선사는 회암사를 떠나야 했다. 이미 병약했던 선사는 자신의 병세를 알고 남한강물을 거슬러 올라와 신륵사에서 열반에 든다. 세속 나이 57세였다. 당시 신륵사 봉미산에는 오색구름이 돌고 나옹선사의 말(馬)이 사흘을 먹지도 않고 울었다 한다. 선사의 법구는 가까운 여강에서 다비를 했는데 사리가 155과가 나왔다. 제자들이 계속해서 염불하니 사리는 558과로 나누여졌다. 국운이 기울어져 고려 말 생불(生佛)로 추앙받았던 나옹선사는 그렇게 떠났고 신륵사는 숱한 전설을 보듬고 있다.

신륵사에서 열반한 고려 시대 고승 나옹선사의 호를 따서 만들어진 강월헌 정자와 법구를 다비했다고
전하는 삼층석탑.

　나옹선사를 다비했다고 전하는 자리에는 3층석탑이 자리하고 있다. 그 옆에 서 있는 강월헌(江月軒)이라는 정자는 나옹선사의 또 다른 호다. 편편한 화강암 바닥을 기단으로 삼아 서 있는 3층석탑에는 선사의 사리가 모셔져 있지 않을까 추측된다. 강월헌 위쪽에는 모전탑이 자리하고 있다. 벽돌을 쌓아 올린 탑은 고려 시대에 건립된 탑으로 신라 시대 형식을 계승했다. 사찰 창건이 신라 진평왕 때라고 전하니 역사의 유구함이 전해진다.

　강물은 한번 지나온 길을 거스르지 않고 끊임없이 흘러간다. 새롭게 만나고 부닥친 일들에 대해 점검도 해 보지 않은 채로 말이다. 한강을 거쳐 서해에 이르렀을 때 물의 심정은 어떠할까. 그저 "열심히 내 일에 최선을 다하며 흘러왔소."라며 당당해 할까. 아니면 자신을 돌아보지 않고 그저 흘러온 것이 후회스러워할까. 문득 그 마음을 나 자신에게 비추어 본다.

신륵사 뒤편에 들어서 있는 수백 그루의 소나무 숲길.

"그대는 지금까지 60 평생을 살며 최선을 다했소?"
"……"

강변에는 '용왕대신'을 부르며 방생하는 불자들의 행렬이 철철이 이어진다. 서울 도선사 사부대중 1,000여 명이 남한강에 생명을 방생하며 저마다의 소원을 빌었다. 그 소원을 보듬기 위해 신륵사는 물심양면으로 돕고 있다. 신륵사 관계자는 "매년 전국의 사찰 불자들이 방문하고 있다"라며 "부처님의 자비심이 교차하는 공간으로서의 '방생 도량 신륵사'가 자리매김하고 있다"라고 귀띔했다.

물길을 등지고 소나무 숲길로 발길을 돌린다. 봉미산 줄기 따라 조성된 소나무 숲길에는 100년은 넘은 소나무가 철갑을 두른 듯 서 있다. 천년고찰이 세워졌을 때 소나무의 후손들이다. 일반인에게 잘 알려지지 않는 소나무 숲길에 들어서니 솔바람 소리가 들려온다. 늦겨울 찬바람이 오는 봄을 시샘한다.

숲에는 생멸이 그대로 있다. 소나무 재선충에 벌목된 한 무더기의 소나무가 자리를 지키며 울창한 소나무의 자양분이 되고 있다. 죽어서도 살아 있는 나무를 위한 보시다. 생과 사가 어디 숲에만 있으랴! 한 걸음 한 걸음의 호흡지간에도 있고, 발에 밟히는 낙엽 아래 땅에도 있다. 사는 게 죽음이고, 죽는 게 삶이라는 반야심경의 '불생불멸(不生不滅)'이라는 구절이 떠오른다.

짧은 생을 살다간 나옹선사의 선 굵은 삶은 '인생은 허투루 살아서는 안 된다.'라는 유지처럼 가슴에 나가온다. 흘러가는 강물도 '두 번 다시 오지 않는 삶'을 말없이 설파하고 있다. 신륵사 경내에서 온갖 무정 설법이 들려온다.

'불자들아! 지금 그대들의 삶의 궤적은 제대로 그려지고 있는가?'

◆ TIP 걷기 명상 안내 ◆

'신륵사 나옹선사길'은 크게 두 갈래로 나눠서 둘러 볼 수 있다. 한 갈래는 여강(남한강)을 유유히 바라다보는 강월헌과 이어진 물길이다. 이 물길은 다른 사찰에는 없는 길이다. 돌아보는 방법은 사찰 초입 때 다리를 건너 곧바로 우측으로 걸어 들어오면 된다. 과거에는 이 길이 중심도로였다. 우측에 남한강을 끼고 5분여를 걸어오다가 경내로 들어와 다시 남한강 변을 따라 쭉 걸어 올라오면 강월헌에 다다른다. 물길은 길이는 대략 2Km 정도로 중간 휴게소에서 차 한잔도 즐길 수 있다.

다른 길은 소나무 숲길이다. 이 길은 신륵사 중심 당우인 극락보전을 중심으로 나옹선사 부도가 있는 방향에서 오를 수도 있고 우측 대장각기비(大藏閣記碑) 옆으로 난 오솔길로도 가능하다. 길이 1Km 정도 나 있는 숲길에는 잘 가꾸어진 소나무 수천 그루가 늘어서 있다. 산 중턱에서는 남한강과 신륵사 경내를 한눈에 볼 수 있다.

신륵사는 보물 등 문화재도 즐비하다. 다층석탑(보물 제225호), 다층전탑(보물 제226호), 보제존자 석종(보물 제228호), 보제존자 석종비(보물 제229호), 대장각기비(보물 제230호), 보제존자 석등(보물 제231호), 조사당(보물 제180호) 등의 7점이나 있으니 유심히 돌아보길 권한다.

나옹선사의 사리를 모신 부도탑.

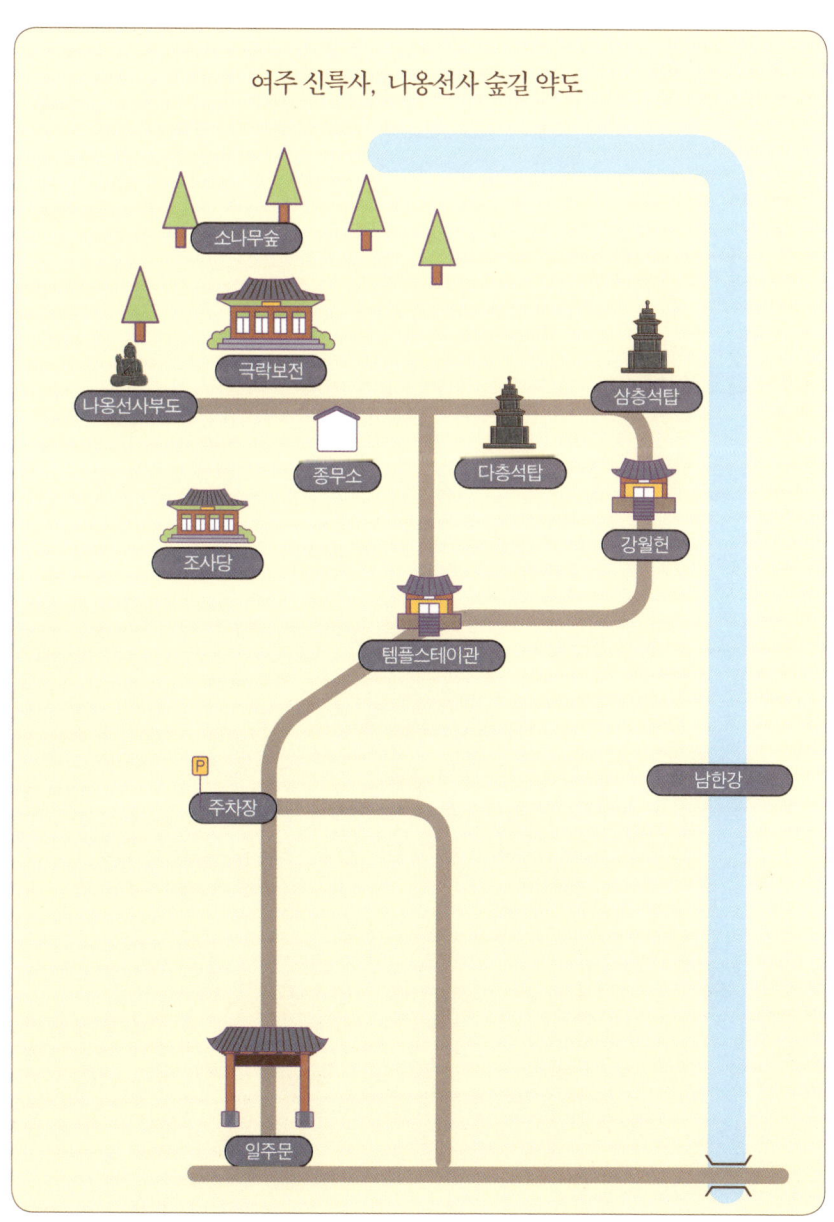

04

평창 오대산, 선재길

저 푸르른 숲에 들면
'도깨비' 같은 사랑이 올까?

선재길이 시작되는 월정사 일주문.

월정사 전나무 숲길에 눈이 다 녹았다.
사시사철 뿜어내는 피톤치드가
가슴까지 시원하게 해 준다.
봄빛 완연했던 오대산은 오후가 되자
돌연 서늘한 기운을 드리운다.
일주문에서 시작되는 숲길은 장대하다.
눈빛이 형형한 수행자의 기상처럼
하늘을 찌를 듯이 서 있는 전나무가
늘어서듯 서 있다.

"무서워. 너무 무섭다. 그래서 네가 계속 필요하다고 했으면 좋겠어. 그것까지 하라고 했으면 좋겠어. 그런 허락 같은 핑계가 생겼으면 좋겠어. 그 핑계로 내가 계속 살아 있으면 좋겠어. 너와 같이…."

온 국민의 가슴을 후벼 파며 감수성을 일깨우다 끝난 드라마 '도깨비'의 명대사다. 주인공 도깨비(김신)는 흰 눈이 가득한 월정사 전나무 숲에서 가슴에 꽂힌 검을 뽑아 달라고 한다. 그 검이 뽑히면 죽는다는 것을 알고도 말이다. 이런 사실을 아는 연인(지은탁)은 울음을 터트리고 만다.

사랑이라는 소재로 삶과 죽음을 넘나드는 주인공들의 아련하면서도 슬픈 이야기가 브라운관을 뜨겁게 달궜다. 지극히 불교적인 내용이 많아 촬영하는 곳곳에 사찰이 많았는데 결정적인 순간을 촬영한 곳이 월정사 전나무숲길이다. 이미 국내 최고의 숲길로 주목을 받는 숲길이 인기드라마 촬영지가 됨으로써 주말마다 몸살이 날 정도로 붐볐다.

탄탄한 극본과 걸출한 배우들의 열연으로 여심(女心)을 강타해 '도깨비(공유) 바라기' 현상이 일어날 정도였다. 감성 가득한 OST(Original Soundtrack, TV 드라마에 삽입된 음악)가 음원 시장을 석권하며 뭇 사람들의 휴대전화 배경음악으로 저장되기도 했다. 주인공 도깨비가 읽어 내린 '질량의 크기는 부피와 비례하지 않는다'라는 김인육의 시(詩)도 아련한 첫사랑의 감성을 일깨우며 긴 여운을 남기고 있다.

제비꽃같이 조그마한 그 계집애가
꽃잎같이 하늘거리는 그 계집애가
지구보다 더 큰 질량으로 나를 끌어당긴다.
순간, 나는
뉴턴의 사과처럼
사정없이 그녀에게로 굴러떨어졌다
쿵 소리를 내며, 쿵쿵 소리를 내며
심장이
하늘에서 땅까지
아찔한 진자운동을 계속하였다.
첫사랑이었다.

드라마 '도깨비'의 여운이 남아 있는 강원도 평창 오대산 월정

월정사에서 상원사에 이르는 숲길에는 아름드리 전나무와 소나무가 즐비하다.

사를 찾았다. 수령이 400여 년이 넘는 2000여 그루에 달하는 고령의 전나무가 하늘을 찌를 듯이 종총히 서 있다. 드라마에서 온통 눈 세상이었던 월정사 전나무 숲길에 눈은 다 녹았다. 사시사철 뿜어내는 피톤치드가 가슴까지 시원하게 해 준다. 봄빛 완연했던 오대산은 오후가 되자 돌연 서늘한 기운을 드리운다.

일주문에서 시작되는 숲길은 장대하다. 눈빛이 형형한 수행자의 기상처럼 하늘을 찌를 듯이 서 있는 전나무가 늘어서듯 서 있다. 반듯하게 서 있는 전나무 숲은 대대로 월정사 스님들이 가꾸어 온 숲이다. 자연 그대로 버려두었다면 현재의 숲이 만들어지지 않았다. 자식을 돌보듯이 정성을 기울여 나무의 간격도 조절해 간벌도 하고, 식목도 해 조화로운 현재의 숲을 가꾸어 냈다. 엄밀히 말하면 월정사가 없었다면 전나무 숲은 애당초 없었다. 그래서인지 포행하는 스님들과 숲이 조화를 이루며 멋진 장면을 연출한다.

월정사 전나무 숲길의 정식명칭은 '오대산 천년 숲 선재길'이다. 과거에는 일주문에서 적광전에 이르는 숲길만 주목받았으나 근래에는 월정사에서 시작해 상원사에 이르는 5km에 이르는 길을 통칭해서 '오대산 천년 숲 선재길'로 부른다. 상원사에 봉안된 문수동자에 착안해 화엄경에 선재 동자가 선지식을 찾아 나서는 유래에서 이름 지었다. 상원사로 가는 옛길 일부도 복원했다. 자연을 훼손하지 않기 위하여 생태관찰로도 만들었다.

숲은 활발발(活潑潑)하다. 단순하게 숲이 형성돼 있는 것처럼 보이지만 자세하게 살펴보면 생사가 끝없이 반복되는 모습이다. 몇 년 전 태풍으로 쓰러진 고목 '할아버지 전나무'가 생을 마감했고, 그 옆에 전나무 묘목이 자라고 있다. 그 숲을 헤집고 다니는 다람쥐의 먹이활동도 요란하고, 계곡물 흐르는 소리도 봄이 되어 더 커지고 있다.

3월 중순이지만 월정사를 지나 상원사로 향하는 길은 아직 겨울이다. 계곡에는 얼음이 아직 남아 있고 며칠 전 내린 눈이 수북이 쌓여 있다. 그늘진 길바닥에는 눈이 쌓여 미끄럽다. 오대산의 넓은 품은 좀처럼 봄을 내어주지 않는다.

월정사에서 상원사로 가는 중간 지점 즈음에 색다른 풍경을 만났다. 섶다리다. 이 다리는 나룻배를 띄울 수 없는 낮은 강에 임시로 만든 다리다. 잘 썩지 않는 물푸레나무나 버드나무로 다리를 세우고 소나무나 참나무 가지를 얹어 엮은 뒤 흙을 덮어 만들었다. 선재길 섶다리는 해마다 가을걷이가 끝난 10월이나 11월에 마을 사람들이 만들어 겨울 동안 강을 건너다니는 수단으로 사용했다고 한다. 이 다리는 여름 홍수가 나면 불어난 물에 떠내려가서 '이별 다리'라고도 불렀다고 한다.

섶다리 아래에도 얼음과 눈이 수북하다. 그 사이에 버들강아지

선재길에 재현해 놓은 섶다리. 옛길의 정취가 묻어난다.

가 빼곡히 눈을 부풀리며 봄소식을 전하고 있다. 겨울이 가면 봄이 오는 자연의 이치를 보여주고 있다.

상원사에 다다른다. 사찰 입구에 아름드리 전나무가 사찰을 외호하는 신장처럼 당당하게 서 있다. 숱한 수행자들이 이 전나무 그늘을 지나다녔을 것이다. 전나무는 얼마나 많은 수행자를 제접했을까. 묵묵히 서 있는 그 모습만으로도 올곧은 수행자상을 일깨워 주고 있다.

다시 월정사로 내려온다. 저녁 어스름이 산그늘을 드리우며 산사는 저녁을 맞이한다. 천년 숲 선재길도 어둑어둑해진다. 흔적 없이 사라졌던 옛길이 복원된 길 위로 겹쳐진다. 일제강점기에 일본인들이 오대산에서 베어낸 나무를 가공하던 회사가 있었다고 해서 붙여진 '회사 거리'에 다다르니 제재소에서 나무를 켜는 소리가

들리는 듯하다. 천년 옛길에 스며들어 있는 숱한 사연이 길 위를 배회하고 있다.

제법 어두워진 길 양측에 아름드리 전나무가 위압감을 준다. 거대한 벽처럼 느껴지며 부스럭거리는 산짐승 소리와 어울려 두려움마저 갖게 한다. 이제 숲길 거닐기를 마쳐야 할 시간이다. 월정사 적광전 불빛이 새어 나온다. 당대의 선지식이었던 탄허 스님이 일필휘지로 쓴 현판이 살아 있는 듯 현란하다.

월정사 할아버지 전나무. 몇 해 전 태풍으로 쓰러지며 고사목이 되어 전나무 숲길을 오가는 사람들을 만나고 있다.

◆ TIP 걷기 명상 안내 ◆

오대산 선재길은 전나무숲길이다. 처음 월정사는 일주문 인근에서 월정사 본당인 대적광전까지 1.5km가량을 '월정사 전나무숲길'로 명명해 방문객에게 개방했었다. 전국에서 가장 이름이 나 있는 숲길로 정평이 나 있다. 강원도 오대산은 사람으로 치면 산소를 뿜어내는 심장의 허파와 같은 역할을 하는 곳이다. 전나무 숲길에서는 저절로 호흡이 들고, 나올 정도로 상쾌하다. 피톤치드가 과포화 상태로 항상 존재하는 곳이 오대산 월정사 선재길이 아닌가 싶다.

월정사 대적광전에서 상원사에 이르는 5km에 이르는 길도 선재길이다. 이곳은 자동차가 다니는 길과 산책로가 병존하다가 합류해 상원사에 이른다. 이른 아침이나 오후 늦게 이 길을 걷기를 권한다. 호젓한 길을 걸으면 정신이 맑아지고 생각이 정리됨을 느낄 수 있다. 한겨울을 빼고는 계곡의 물소리가 청명감을 더해준다.

부처님의 진신사리가 모셔져 있는 오대산은 불교 신자들이 신성시하는 적멸보궁이다. 한강의 시원지로 물이 좋기로도 유명한 오대산은 우리나라 사람들이 가장 많이 찾는 성지이기도 하고 여름에는 피서지로도 주목받고 있다. 오대산 선재길은 걷는 그 자체가 기분 좋고, 숨쉬기 쉬운 걷기 명상의 성지다.

월정사 중심전각인 적광전

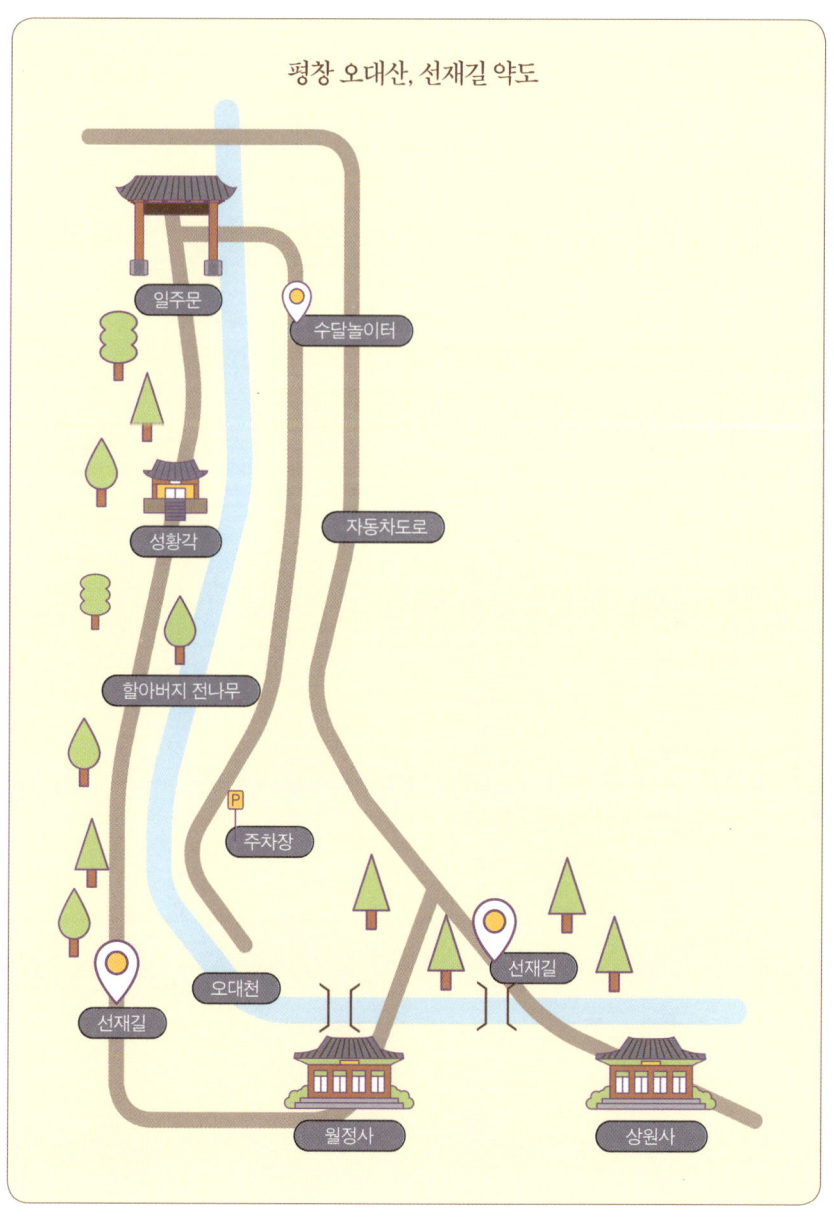

05

여수 향일암, 거북바위 숲길

동백꽃 든 관세음보살님
소원 들어주시네

겨울 한가운데에서 꽃 잔치다.
한파가 매섭게 몰아친 날
수은주는 전국을 꽁꽁 얼게 했지만
남해를 바라보는 금오산 기슭에는
동백이 붉게 꽃망울을 터트리고 있다.
꽃이 벙글어지는 계절은
봄인데 겨울꽃은 그저 신비롭기만 하다.

    여수에서 남쪽으로 쭉 내려간 섬 끄트머리. 장군도를 지나 돌산도 아랫녘 금오산 자락에 우리나라 4대 관음 기도 도량으로 손꼽히는 향일암이 자리하고 있다. 산 모양이 거북이를 쏙 빼닮았다. 창건설화에 따르면 신라 시대 원효대사가 남해 금오산을 둘러보

향일암에서 본 금오노, 거북이 머리가 선명하다.

고 거북이 모양을 한 이곳에 이르러 천하의 명당임을 알아챈 후 사찰을 창건했다고 한다.

사찰이 위치한 곳은 거북이 몸통의 중심부다. 신비로운 건 거북이 형상을 한 산에 거북이 등껍질 같은 바위가 즐비하다. 풍수지리상으로 볼 때 향일암은 금 거북이가 경전을 지고 용궁(바다)으로 들어가는 금구입해형(金龜入海形)의 명당이다.

겨울 한가운데에서 꽃 잔치다. 한파가 매섭게 몰아친 날 수은주는 전국을 꽁꽁 얼게 했지만, 남해를 바라보는 금오산 기슭에는 동백이 붉게 꽃망울을 터트리고 있다. 꽃이 벙글어지는 계절은 봄인데 겨울꽃은 그저 신비롭기만 하다. 겨울 동백나무 숲속에 관음도량 향일암(向日庵)이 있다.

'해를 바라보는 암자'라는 향일암은 연말연시 해돋이를 보기 위

향일암에서도 기도 영험이 있기로 유명한 관음전   향일암 관음전 앞 남해를 응시하는 돌거북과 기도객.

해 전국에서 모여드는 인파가 인산인해를 이룬다. 꼭 연말연시가 아니더라도 남해에서 떠오르는 해를 바라보며 관세음보살님께 기도하면 한 가지 소원은 꼭 이룬다고 알려진 기도영험도량으로 사시사철 기도객의 발길이 멈추지 않는 곳이다.

향일암을 오르는 길은 처음부터 만만치 않다. 경사도가 웬만한 산을 오를 때보다 높다. 사하촌 입구부터 숨이 턱까지 차오를 정도다. 대가를 치르고 산길을 오르면 그에 상응하는 보상을 받을 수 있다.

기암절벽 바위틈을 뚫고 자란 동백이 기도객을 반긴다. 수백 년은 됨직한 고목이 꽃망울을 터뜨리고 있다. 겨울이 시작되는 12월 초순에도 꽃구경할 수 있는 호사(?)를 누릴 수 있는 일은 커다란 행운이다. 귓불을 발갛게 달구는 칼바람을 맞으며 장갑 속으로 파고드는 추위에도 붉은 동백을 보노라면 저절로 미소를 띠게 된다.

동백나무는 향일암 곳곳에서 자생하고 있다. 어떤 것은 고목으로, 어떤 것은 묘목으로 자라며 금오산을 감싸고 있다. 고목에서

원통보전 앞 종무소에서 바라본 모습으로 거북등 모양의 바위가 보인다.

떨어진 씨앗이 싹을 틔워 후손을 번식했다. 그 척박한 땅에 싹을 틔우는 것도 기적 같은 일인데 생명력을 이어가며 이 추운 겨울에 꽃을 피우는 모습은 경이롭기만 하다.

향일암의 가장 큰 특이함은 곳곳에서 볼 수 있는 거북 등껍질 모양의 암석이다. 산세가 거북이 모양을 한 것도 특별한데, 암반 곳곳에서 거북 모양의 바위가 즐비하다. 이런 곳에 거북바위를 문으로 삼기도 하고 기둥으로 삼기도 하여 관음 기도도량이 만들어졌다. '향일암 가는 길'에는 석문(石門)이 일곱 개나 있다. 고개를 숙이고 자신을 낮추는 하심(下心)을 일곱 번 해야 관세음보살님을 친견할 수 있고, 뜻하는 소원을 이룰 수 있다.

향일암의 중심전각에 해당하는 원통보전에 이르는 길도 커다란 석문을 거쳐야 한다. 한 명씩만 지날 수 있는 문을 지나면 또 다

관음전으로 향하는 석문으로 향일암에는 이러한 석문이 7곳이나 있다.

른 석문이 나오고 그 좁고 어두운 문을 지나면 확 트인 남해가 펼쳐지는 원통보전이다. 향일암의 중심전각에 해당하는 관세음보살을 모시는 게 일반적인 원통보전에는 특이하게 석가모니부처님이 주불로 모셔져 있다. 2009년 화재로 전소되기 전에는 대웅전이라는 현판을 붙였다. 화재 이후 관음도량의 명성을 계승해 원효 스님이 창건할 당시 '원통암'의 이름을 계승해 원통보전이라는 현판을 붙인 듯하다. 이미 원통전 위에 관음전이 있고 우측에 천수관음전이 있음을 참작해 주불로 석가모니부처님을 모신 게 아닌가 싶다.

원통보전 뒤편에는 경전같이 생긴 거대한 '경전 바위'가 전각을 외호하고 있다. 멀리 남해가 끝없이 펼쳐져 있는 원통전 석가모니부처님은 중생들의 소원을 온몸으로 안은 채 늘 바다를 응시하며 매일 해를 맞이한다.

원통전 뒤편에 보이는 관음전 안내판을 따라 오른다. 커다란 석문 사이로 비밀통로 같은 미로가 나 있다. 제법 긴 석문은 낮에도 불을 켜야 할 정도로 어둠을 품고 있다. 바위는 거북이 등껍질 같은 모양을 하고 있다. 석문이 끝나는 지점에 맞닿아 있는 관음전 입구에도 인공으로 만든 돌거북이 늘어서듯 남해를 바라보고 서 있다. 관음전 옆에는 화강암으로 조성한 해수관음입상이 조성돼 있다. 관음전 앞에는 향일암을 창건한 원효 스님이 수행했다고 전하는 바위인 좌선대가 자리하고 있다.

올라올 때 만났던 젊은 여인이 소원양초를 밝히고 합장을 하고 해수관음상 앞에서 열심히 설하고 있다. 바다에서 들려오는 해조음이 바닷바람을 타고 금오산에 올라온다. 관음전 앞 돌거북도 바다에 시선을 떨어뜨리며 해를 기다리고 있다. 기다림은 이미 일상이 되어 버린 지 오래인 듯하다. 단단하고 차가운 돌거북을 두 손으로 부여잡는 기도객의 손길이 간절하다. 원효 스님 좌선대에는 기도객이 던진 수많은 동전이 수북이 쌓여 있다. 중생의 소원이 끝없이 간절해 보인다. 지금 원효 스님이 좌선대에 앉아 있다면 어떤 법문을 내릴까 궁금하다.

함께 간 처삼촌이 "한 해가 가는 시점에 향일암에서 기도하면 좋은 기운을 받을 것 같다"라며 "내년에는 가정과 나라에 좋은 일이 가득하길 소원한다."라고 했다. 한 가지 소원을 이룰 수 있다는 영험도량이기에 꼭 이룰 것만 같다.

관음전 앞 소원양초를 파는 전각의 동백꽃이 수줍게 붉은 미소를 짓는다.

♦ TIP 걷기 명상 안내 ♦

여수 향일암 거북바위 숲길은 가팔라 호흡을 잘 관리하며 걸어야 한다. 처음 안내소에서부터 오르막길 계단이다. 거리는 1km 남짓이지만 길도 좁고 걷기가 만만찮아 주의를 기울이며 걸어야 한다.

관세음기도도량인 만큼 불자라면 "관세음보살!"의 명호를 부르며 오르길 권해본다. 신비해 보이는 거북바위가 즐비한 곳이라 이목을 이리저리 돌리는 경우가 많지만 걷기 명상을 하며 이동할 때는 눈길을 반드시 길가는 정면을 응시해야 한다.

향일암에 올라서는 탁 트인 남해를 바라보며 자신을 응시하고, 점검해 보는 시간도 가지길 바란다. 시간이 허락한다면 해수관음상을 향해 108배를 하는 것도 의미가 있어 보인다.

내려오는 길도 주의를 기울여야 한다. 겨울이라면 눈길이나 빙판길을 조심하고 여름철에는 미끄러질 염려가 있으니 특히 유념해야 한다. 향일암에서는 조고각하(照顧脚下, 자신의 발밑을 살피라) 하는 마음을 갖고 걷기 명상에 임해야 한다.

관음전 앞 동백나무에는 꽃이 붉게 피어 있다.

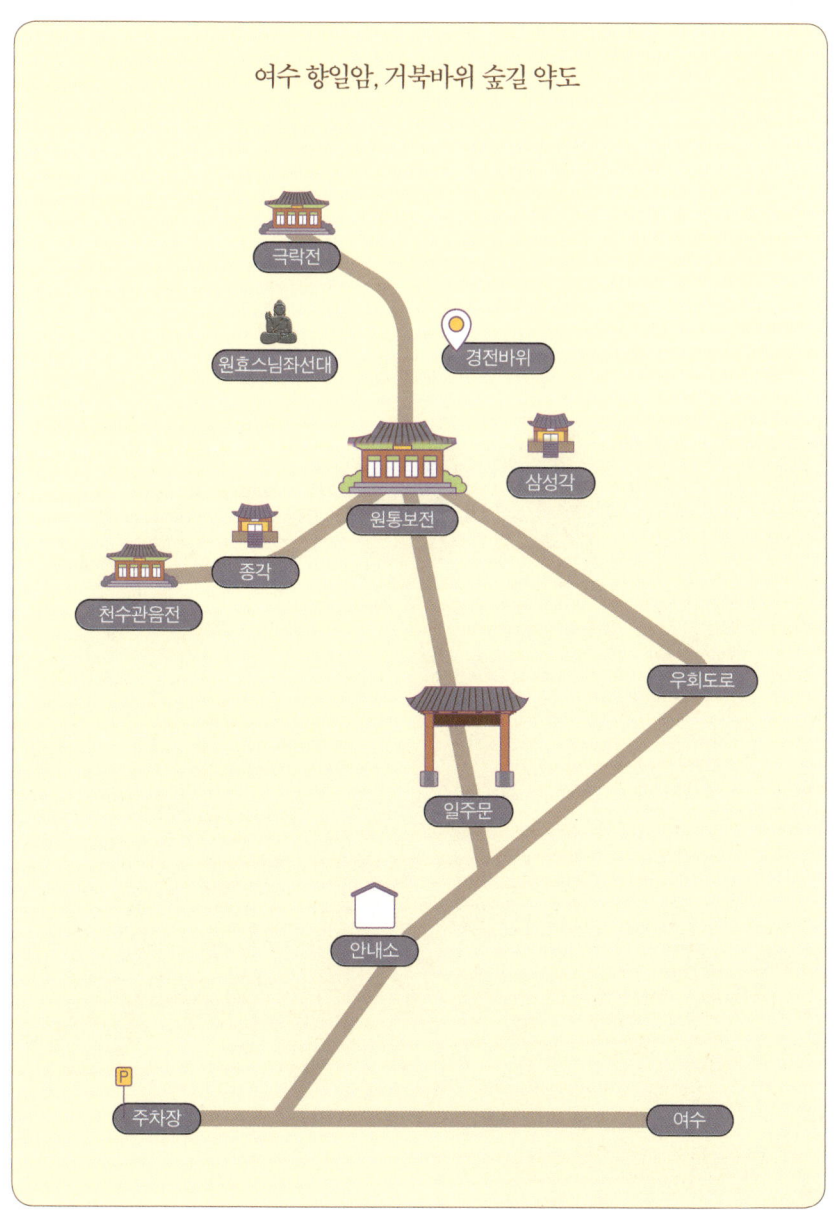

용문사 소나무 숲길.

06

양평 용문사, 우국의 숲길

소나무 상처에는 의승군
넋이 어른거리네!

대웅전 앞에 서 있는 은행나무는
하늘을 찌를 듯이 거대한 힘을 뿜어내며
용문산과 조화를 이루고 있다.
'동양 최대'라는 수식어와 함께
신라 마지막 왕인 경순왕의 세자였던
마의태자가 나라 잃은 설움을 안고
금강산으로 가다가 심었다고 전한다.
1907년 의병이 일어났을 때는
일본군이 절을 불태웠으나
이 나무만은 화를 면한다.
나라에 변고가 있을 때는
이 나무가 소리를 내어 그것을 알렸으며

조선 고종이 세상을 떠났을 때는
큰 가지 하나가 부러져 떨어졌다고 한다.

　사찰 숲을 찾아가는 길은 언제나 마음이 설렌다. 그곳에는 오랜 역사와 이야기가 가득하기 때문이다. 한국을 대표하는 숲 가운데는 사찰의 이름이 늘 올라 있다. 사찰 숲이 가지는 가치가 그만큼 크다는 의미. 절기로 소한(小寒)인 지난날 양평 용문사 숲길을 찾았다. '대한(大寒)이 소한 집에 놀러 왔다가 감기에 걸려 돌아갔다'라는 소한 추위는 예년에 비해 매섭지 않았지만, 겨울을 느끼기에는 충분했다.
　용문사라는 사찰 이름을 부를 때면 으레 천년이 넘는 은행나무를 연상한다. 대웅전 앞에 서 있는 은행나무는 하늘을 찌를 듯이 거대한 힘을 뿜어내며 용문산과 조화를 이루고 있다. 은행나무는 '동양 최대'라는 수식어와 함께 신라 마지막 왕인 경순왕의 세자였던 마의태자가 나라 잃은 설움을 안고 금강산으로 들어가다가 심었다고 전해지니 세월의 무게가 느껴진다. (일설에는 의상대사가 짚고 다니던 지팡이를 꽂아 놓은 것이 뿌리가 내려 자랐다고도 한다.)
　"용문사 은행나무는 오랜 세월의 전란 속에서도 불타지 않고 살아남은 나무라고 하여 천왕목이라고도 불렸으며, 조선 세종 때에는 정3품 이상에 해당하는 벼슬인 당상 직첩을 하사받기도 했다. 정미년(1907년) 의병이 일어났을 때는 일본군이 절을 불태웠으나 이 나무만은 화를 면했다. 옛날에 어떤 사람이 이 나무를 자르려고 톱을 대는 순간 피가 쏟아지고 하늘에서는 천둥이 쳤다고 한

동양 최대의 용문사 은행나무.

다. 또 나라에 변고가 있을 때는 이 나무가 소리를 내어 그것을 알렸으며, 조선 고종이 세상을 떠났을 때는 큰 가지 하나가 부러져 떨어졌다고 한다."

은행나무를 소개하는 글에서 보이듯이 용문사 숲길은 나라를 걱정하는 '우국(憂國)의 숲길'이다. 비단 신라 마의태자의 나라 걱정뿐만 아니라 용문사가 우리 민족이 국난을 당했을 때 나라를 지키고, 국권을 되찾기 위해 노력했음은 사찰 입구에 세워져 있는 비문이 대변해 준다. '한국민족독립운동발상지기념비, 화서연원독립운동기념비, 양평의병기념비, 용문항일투쟁기념비, 화서선생어록비(위정척사비)와 기념비에는 비문 세운 목적을 자세하게 새겨놓고 있다.

"역사적으로 양평은 일본 제국주의자들이 침략하였을 때, 국가의 원기로서 한국 근대민족운동의 발원지였음을 밝히는 것이다. 근대민족독립 운동에서 중추적 역할을 했던 화서연원과 양평군, 용문산을 근거지로 항일투쟁을 전개한 구국지사들을 기리고, 거룩한 독립정신을 선양하고자 함이다. 용문산가 용문사, 상원사, 사나사가 명실공히 외세침략기에 호국영산, 호국고찰의 기능을 하였음을 알리고자 함이다."

일주문에 든다. 겨울 숲길이 싸늘하다. 소한 추위가 약하다고 하지만 산에서 내려오는 냉기는 겨울 산행의 알싸한 맛을 충분히 느끼게 해 준다. 용문사 일주문은 '용문(龍門)'이라는 이름이 말해주듯 용들이 꿈틀거리며 노닐고 있었다. '웬 일주문에 용들이 노닐까'라고 의구심을 갖다가도 용문사라는 사찰명을 한번 호명하면 고개를 끄덕이게 된다.

우국의 숲은 울창했다. 신라 신덕왕(913년) 때 대경대사가 창건했다고 전해지는 만큼 오랜 세월을 간직한 숲이니 그 이름만큼 위용을 자랑한다. 숲을 구성하는 주요 수종은 소나무다. 그것도 외래종이 아닌 금강송이 빽빽하게 일주문에서부터 늘어서 있다. 소나무와 더불어 활엽수종인 떡갈나무 신갈나무 참나무 등이 조화를 이루고 있다. 중부지방에서도 북쪽에 속하지만, 침엽수와 활엽수의 비중이 균등해 보인다.

용문사는 우리 민족이 나라를 잃었을 때 분연히 일어난 '양평 의병'의 근원지였다. 당시 일제는 대한제국의 황제를 강제 퇴위시키고 군대를 해산시키며 국권을 찬탈하려 했다. 이러한 시기에 양평 의병은 대일항전의 기치를 높이 들었다. 양평 의병은 용문산 용문사를 비롯해 상원사와 사나사를 근거지로 활동했다.

용문사 입구에 늘어서듯 서 있는 기념비들로 의병과 의승군의 항일행적이 기록돼 있다.

권득수 의병장은 의병을 모집해 용문사에서 식량과 무기를 비축해 놓고 항일운동을 펼쳤다. 조인환 의병장은 용문사를 근거지로 삼아 인근 관아와 파출소, 우편소를 습격하여 일제에 큰 타격을 입혔다. 한때는 의병과 의승군이 연합군을 결성해 양평군 청운면 가현리 벗고개에서 일본 정예군과 맞붙어 격퇴하기도 했다. 하지만 그곳에서 많은 희생이 따르기도 했다. 이를 추모해 2010년에는 『만다라』의 작가인 김성동 씨가 천도재를 지내기도 했다.

숲길은 여러갈래다. 자동차와 사람이 다니는 큰 길이 주를 이루고 길옆에는 산짐승이 다닐법한 길들이 지난가을 떨군 잎들을 품고 여기저기 나 있다. 그뿐이 아니다. 계곡에서 흘러내리는 물길이 얼음 사이로 유유히 흐른다. 차가운 얼음꽃을 피워 겨울 정취를 드러내 보인다.

계곡을 건너는 다리 두 개를 지나면 용유정(龍遊亭)에 이른다. 이름하여 '용들이 놀다가는 정자'에는 목각으로 다양한 문양을 새긴 작품이 전시되어 있다. 산길 곳곳에는 마음을 맑게 하는 경전 구절이 나무판에 새겨져 있다. 오랜 세월로 색이 바래기도 한 문구를 애써 읽으려 해도 읽히지 않는다. 그 대략적인 내용은 '모든 것이 영원할 줄 알고 수행을 멀리하느냐?. 시간을 낭비하지 말고 부지런히 정진하라'라는 것일 터이다. 나무에 새겨진 구절이 영원하지 않음을 자신도 보여주는 듯하다.

용유정 건너편으로는 구름다리가 오솔길로 안내한다. 철재여서 경관과 어울리지는 않지만 튼튼하게 만들어진 다리여서 방문객을 안심시킨다. 오솔길을 돌아 올라가면 보물로 지정된 정지국사 탑

용문사 계곡의 풍경.

과 비가 80m 거리를 두고 자리하고 있다. 정지국사는 고려 말 스님으로 조선을 건국한 태조가 스님의 공덕을 기려 '국사'라는 칭호까지를 내렸다고 하니 이 스님 역시 나라를 걱정하는 마음이 깊었음을 짐작할 수 있다.

 우국의 숲 정점은 용문사 경내에 서 있는 거대한 은행나무다. 천년은 훌쩍 넘겼을 것 같은 고목은 주변을 압도하고도 남는다. 100년도 살지 못하는 '만물의 영장'인 인간의 삶을 수 없이 바라보며 무언의 설법을 해 온 은행나무는 지금도 무언의 설법을 하는 중이다. 수 없는 명언을 토해내도 저 은행나무의 무언 설법만큼 가치가 있을까 하는 생각이 든다. 그저 바라보기만 해도 마음의 위안

용문사 은행나무 고목.

이 되는 나무다. 템플스테이 참가자들이 은행나무 아래 저마다의 소원을 쪽지에 적어 달아 놓았다.

"가족 무사고와 건강, 우리누나 in 서울 대학가기, 컴퓨터 시간 늘리기, 공부 전교 19등 안에 들기"

어느 청소년이 적어 놓은 듯한 소박한 서원을 은행나무는 들어줄까. 뭇 사람의 서원이 쪽지에 매달려 흔들린다. 그 흔들리는 서원을 은행나무는 허리에 동여매 흔들리지 않게 붙잡고 있다. 반드시 발원 하나하나를 성취하게 해 주겠다는 태세다.

전통찻집에 뜨거운 차 한 잔을 마시고 들어왔던 일주문을 나오니 여섯 개의 기념비가 서 있다. 첫 번째 비문에는 가로로 커다랗게 위정척사(衛正斥邪)라는 문구가 눈에 띈다. 이 문구는 조선 초 유교를 정통으로 하여 불교를 배척할 때 처음 등장했으니 사찰 입구에 새겨져 있는 것이 아이러니하기도 하다. 문자대로 해석하자면 '정학을 지키고 이단인 사학을 배척하는 유교의 이념을 대변하는 사상'이지만 구한말 외세의 침략에 대항한 항일의 의미를 담고 있음을 알게 된다.

사하촌에서 산나물비빔밥 한 그릇과 도토리묵을 한 접시 시켜 저녁 요기를 한다. 어스름이 산허리에 내리는 용문사 계곡을 바라보니 100여 년 전 의병과 의승군들의 넋들이 용문사 우국의 숲길에서 어른거린다.

◆ TIP 걷기 명상 안내 ◆

우국의 숲길은 용문사 입구 일주문에서 용문사까지 1Km 정도의 거리다. 왕복으로 갔다 오면 2Km다. 일주문 다리를 건너기 전 기념비에 잠시 서서 기념비에 담긴 글귀를 읽고 산문에 들면 유익하다. 용이 노니는 일주문을 지나면 구불구불한 도로와 마주한다. 자동차도 함께 다니는 길이이므로 주변을 살펴야 한다.

길옆 도랑이 얼어 있지만 다른 계절이면 도랑길 물소리도 들을 수 있다. 계곡에 나 있는 물길에는 크고 작은 바위가 계곡과 조화를 이룬다. 겨울철에는 얼음으로 덮인 경치도 관람할 수 있다. 일주문을 지나 다리를 건너면 산양삼 학습장이 보인다. 다시 다리를 건너면 용유정이 나오고 좌측 풀 섶에는 맥문동이 겨울에도 푸른색을 띠고 있다.

맥문동 길을 건너며 용문사 경내가 나오고 사천왕문을 지나면 은행나무와 마주할 수 있다. 거대한 은행나무 위 계단으로 용문사 대웅전이 있고, 은행나무 맞은 편에 템플스테이 건물이 들어서 있다. 템플스테이 건물 아래에는 전통 찻집이 운치 있게 자리하고 있다. 내려오는 오솔길을 이용하려면 템플스테이관을 지나거나 다시 용유정으로 내려와 구름다리 건너 계곡 맞은편으로 내려오면 된다.

우국의 숲길의 걷기 명상 정점은 용문사 은행나무에서의 명상이다. 이 거대한 나무가 살아오며 견뎌냈을 숱한 사연을 떠올려 보시라. 100년도 살지 못하는 사람들에게 주는 메시지가 분명 있을 것이다. 그 메시지를 가슴에 담아 돌아온다면 큰 삶의 자산을 얻은 셈이 되었을 것이다.

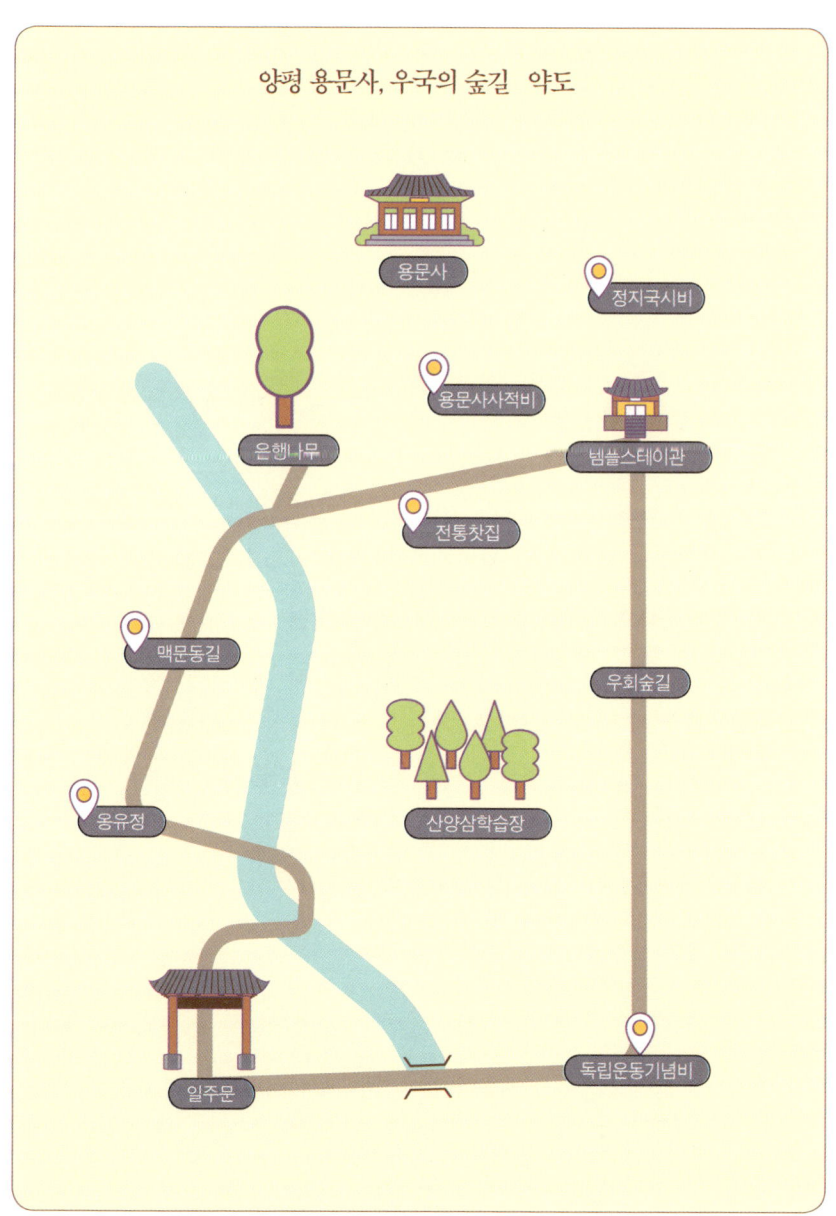

| 에필로그 |

숲에 들어 치유와 위안 얻으시길…

    10여 년 전에 '여태동 기자 사찰 숲길을 거닐다'라는 연재 명으로 필자가 속해 있는 불교신문에 전국 사찰에 있는 숲을 걸으며 명상한 소회의 글을 담았다. 10여 년이 지나 한 권의 책으로 묶으려 한 이유는 사찰 숲이 시간이 지날수록 그 가치가 높아지고 걷기 명상에 대한 세간의 관심이 사그라지지 않고 있기 때문이다.

    취재를 위해 다닌 숲길이었지만 15년 동안 다시 한번 숲길을 걸으며 '들숨'과 '날숨', 그리고 '잠깐 멈춤'의 명상을 했다. 더 나아가 나 자신을 관조하고, 성찰해 마음을 치유하고 불교의 깨달음을 추구해 보았다. '아나, 빠나, 사띠'를 설파한 초기불전 『들숨 날숨에 대한 마음 챙김의 경』을 음미하며 붓다의 가르침을 되새김질해 보기도 했다.

    "길게 들이쉬면서 '길게 들이쉰다.'라고 꿰뚫어 알고, 길게 내쉬면서는 '길게 내쉰다.'라고 꿰뚫어 안다. 짧게 들이쉬면서는 '짧게 들이쉰다.'라고 꿰뚫어 알고, 짧게 내쉬면서는 '짧게 내쉰다.'라고 꿰뚫어 안다. '온몸을 경험하면서 들이쉬리라.'라며 공부 짓고 '온몸을 경험하면서 내쉬리라.'라며 공부 짓는다. '몸의 작용[身行]을 편안히 하면서 들이쉬리라.'라며 공부 짓고 '몸의 작용을 편안히 하면서 내쉬리라.'라며 공부 짓는다. 이렇게 공부 지를 때 몸에서 몸을 관찰하면서 세상에 대한 욕심과 싫어하는 마음을 버리고 근면하고 분명히 알아차리고 마음 챙기면서 머문다."

-『맛지마 니까야 4』, 초기불전연구원

좋은 인연도 만났다. 2018년 은사이신 백원기 교수님(2025년 별세)이 창립한 '한국숲과문학명상협회' 회원으로 활동하며 1급 숲치유사 및 문학 치유사 자격을 취득해 숲 치유 명상과 문학치유명상의 영역을 확보해 나갔다. 2020년에는 이 시대의 무소유의 가르침을 남긴 법정 스님의 가르침을 연구해 문학박사 학위를 받은 후

'무소유 명상'의 길을 열기 위해 이론적 토대와 워크북 제작에 매진하고 있다. 퇴임 후 고향에 숲·명상센터를 건립해 숲 치유와 문학 치유에 전념할 계획이다. 은사님의 극락왕생을 발원하며 가르침과 유지를 내 가슴속에 묻는다.

숲에 든 뭇 생명이여! 모두 다 행복하시라!

수고한 나 자신에게 주는 아주 특별한 선물
천년사찰 힐링숲길 걷기명상

1판 1쇄 발행 | 2025년 8월 10일

지은이 | 여태동
펴낸이 | 김경배
펴낸곳 | 시간여행
디자인 | 디자인[연:우]
등 록 | 제313-210-125호 (2010년 4월 28일)
주 소 | 경기도 고양시 덕양구 지도로 84, 5층 506호 (토당동, 영빌딩)
전 화 | 070-4350-2269
이메일 | jisubala@hanmail.net

종 이 | 화인페이퍼
인 쇄 | 한영문화사

ISBN 979-11-90301-36-7 (03220)

• 이 책의 내용에 대한 재사용은 저작권자와 시간여행의 서면 동의를 받아야만 가능합니다.
• 잘못 만들어진 도서는 구입한 곳에서 바꾸어 드립니다.